上主要擦去我們一切的眼淚，不再有死亡，也不再有悲哀，……因為以前的事都過去了。

啟示錄二十一章4節

信念再思叢書

眼淚並未抹乾

一個受苦者的聲音

龔立人 著

基道出版社

▼

信念再思叢書

眼淚並未抹乾

一個受苦者的聲音

Tearless Grief

A Sufferer's Voice

作者
龔立人 Kung, Lap-yan

責任編輯
何敏璇

裝幀設計
伍愛清

■

出版／發行
基道出版社
香港沙田火炭坳背灣街26號富騰工業中心1011室
LOGOS PUBLISHERS
Unit 1011, Fo Tan Ind. Centre, 26 Au Pui Wan St., Shatin, Hong Kong
電話：(852) 2687-0331 傳真：(852) 2687-0281
網址：http://www.logos.com.hk

承印
海洋印務有限公司

●

10/2000初版 11/2001增修版 2/2004增修二版
Cat. No. LP 335-3
ISBN-10: 962-457-202-X
ISBN-13: 978-962-457-202-5

刷次	11	10	9	8	7	6	5	4	3	2
年份	2018	2017	2016	2015	2014	2013	2012	2011	2010	2009

江序

當我有機會閱讀本書的原稿，心中大受感動。我第一個反應是：我寫不出這本書。我希望龔兄也寫不出這本書，也沒有需要寫這本沉重的書，將時間精神花在一家四口樂也融融的日常生活中。

我一向認為拉比庫什納（Harold S. Kushner）的 *When Bad Things Happen To Good People* 是現代猶太基督教信仰面對苦難課題的最佳作品。多少次我向遭遇苦難的朋友推薦這本書，甚至希望有中譯本出版。龔兄這本作品絕對能媲美庫什納的作品。像庫什納一樣，至親的離世促使他將信仰的論述化成具體的肉身。有血有淚的見證教人無可推諉，因為這不是不沾人間煙火的思維遊戲，而是「殺到埋身」的信仰掙扎、與上帝摔交的現場轉播。

約伯記是猶太基督教信仰中回答苦難課題的經典作品。約伯的三位老友來探望他，他們很努力的要為約伯所受的苦找出一個合理的解答。他們為了維護上帝的公正和大能，善惡有報的因果律而力指一定是錯在約伯，怪罪約伯咎尤自取。既然上帝是公正的，人受苦一定是罪有應得。義人無端受苦會摧毀他們工工整整的神學觀念。他們關心自己信仰解釋系統的完整性和正統性，多於約伯所受的痛苦和不公平的待遇。況且他們自己健康的生命，豈不反映出他們行得正、企得正？如果他們否定善惡有報，他們的健康便無從印證他們在信仰上的純正。他們的信仰系統是封閉的，他們相信上帝所創造的世界是井井有條，容不下敞開的可能。在這個系統下，人受苦只有和血吞下，自認命苦。

上帝卻沒有接納這三位忠心的擁護者的解答。祂欣賞的反而是會質疑上帝的公正（伯二十一17，三十21）、控訴上帝不仁（伯六4，十13）的約伯。約伯信仰的可貴正正在於他的信仰不是旁觀者思想上的完美建構，而是當事人在生命埋身搏鬥的成果。他堅持自己的無辜和對上帝的忠誠。他既信任上帝，又堅信自己所受的苦難是不公平的，活的信仰就誕生在這兩方的張力當中。

約伯記有沒有給予苦難一個合理的答案呢？這個問題恐怕是問錯了，因為苦難不是一個有合理解答的問題。苦難永遠吸引人去尋求解答，卻又永遠尋不到一個能令人人信服的答案。有些解答能令人一時心悅誠服，過一段日子卻又不再感到滿意。有些解答在理性上言之成理，但當個人親身遇上苦難就派不上用場。上帝對約伯質詢為何義人受苦並沒有給予一個合理的解答，祂答非所問，用了四章聖經來遊花園。祂顧左右而言他的將問題轉到自己創造的奇妙及大能，給人一個以勢力服人的印象。「我食鹽比你食米多；過橋比你行路多，幾時輪到你來問我？」現代公關會指出，這種回應的方式很失分。

於是，有些猶太學者將上帝的回應解讀為上帝用這麼多篇幅來描畫自然界的奧祕並非回答約伯的提問，而是一種老朋友之間的對話分享，向約伯訴說自己的工作繁重和並不容易做，「你有上帝那樣的膀臂麼？……見一切驕傲的人，使他降卑。見一切驕傲的人，將他制伏。把惡人踐踏在本處。……我就認你右手能以救自己。」（伯四十 9 ～ 14）這幾句話並不是上帝用來炫耀自己的能力，倒是祂承認工作不易做的心底話，於是上帝與約伯像兩位互吐苦水的老友，互訴苦況令他們有共通的語言，站在同一陣線。

分析心理學家容格（Carl Jung）在《回答約伯》*Answer to Job* 一書中指出，上帝無法對約伯的指控提出合理的解答，惟有降世成為肉身，親自嘗嘗人間不公平的疾苦。

面對苦難的奧祕，並沒有冷靜客觀的理性解答，只有埋身第一手的體驗。

神學是信仰的反省，是一門思考的學問。它的成果透過語言的媒介，特別是概念及命題來表述思維。

累積了二千年無數神學工作者的耕耘，力求卓越，成果變得愈來愈專業、愈來愈抽象，與平常信徒的日常生活的距離愈來愈大。讀系統神學要討論：上帝是不是全能、全知、全善？這三種屬性可不可能共存？上帝受不受時空的限制？創造是無中生有，還是將混沌化為秩序？人死後會不會復活？對於這些問題，歷來的神學工作者提出許多解答。不過，種種解答未必能令人人信服，尤其當你遇到真實生命中的考驗。

龔兄這本作品沒有從抽象思維來演繹以上的神學課題，反而從聖經神學及個人實存的體驗來挑戰傳統神學系統中的不足，並提出個人的詮釋。他情理兼顧，哀而不傷的與上帝和世人分享他的體驗。

我很有興趣知道上帝會怎樣回應他。

江大惠

溫序

我不想寫篇一般典型的序言。因為立人的際遇，觸動起我太多的共鳴。恐怕我寫的，是「自白」多於「獻辭」。

看罷立人的文稿，我的思緒竟將我帶回十二年前的那段日子……那是我妻子雅玲癌病去世後的幾個月。由於在妻子患病的期間，我勇於坦誠地表白我內心的掙扎和感情上的折磨，不少信徒都很信任我，相信我對患病的人有特別深刻的觸覺。妻子離世後，我就很自然地被邀請到不同醫院的癌症病房，探望和安慰牀上抵受痛苦的人。這本來是十分有意義，也是我樂意做的事。然而，每次當我再踏足醫院，嗅到那一股藥水氣味的時候，我的情緒竟然不能自控，只想不顧一切地轉頭就跑！原來幾年來因為要照顧患癌病的妻子和智障的女兒，醫院的氣味已經成了啟動痛苦回憶的按鈕。每次嗅到陣陣的藥水氣味，那癒合了一點的心靈傷口，又再被撕裂。但是，我決意不要被這種恐懼和再受傷的感覺所征服。我仍然堅持到醫院做探訪，直到有一天，我發覺那折磨我的情緒，已經不再可以控制我……。

立人寫這本書，就正如我堅持繼續到醫院探病，讓品嘗痛苦的經驗，去洗刷往昔的傷痕。

立人告訴我，他下筆寫這書的許多個晚上，心緒傷了又傷，帶來連番的頭痛和虛脫。我很明白他說的是甚麼，因為我經歷過。所以我更佩服他的堅持和勇敢，那份因為摯愛亡妻笑雲和堅信上主而來的勇敢。

立人算是比我年輕一輩的神學家，但我總喜歡聽他的課和講授。無論是神學問題、社會倫理、甚至是人生的觸覺，到了他的手中，總有一番令人意想不到的洞悉。立人是研究「解放神學」的專家。解放神學的信念，是神學的反思，跟有血有肉的親身體驗是分不開的。立人這本神學論著，正是這樣從有血有淚的痛苦體驗中孕育出來。這本書不是「苦難底神學」（關於苦難問題的神學思考），而是「苦難的神學」（以苦難體會的心境去思考神學問題）。

立人的文章，一如其人，在冷靜和理性的內蘊之中，是一份不屈服的激情。

溫偉耀

二〇〇〇年六月

繆序

「我們知道一切受造之物，一同歎息勞苦，直到如今。」（羅八22）

「凡事都有定期，天下萬務都有定時。生有時，死有時……我見神叫世人勞苦，使他們在其中受經練。神造萬物，各按其時成為美好又將永生安置在世人心裏，然而神從始至終的作為，人不能參透。」（傳三1～11）

在過去十二年的人生歲月中，我不斷反覆思量上述經文，尤其是在夜闌人靜、情緒低落或面對逆境與人生挫敗之際，上述經文，更在我腦海中徘徊，歷久常新。

龔立人博士的《眼淚並未抹乾——一個受苦者的聲音》是近年在本地一本探討有關死亡、苦難、人生際遇與上主在我們生命中的角色，以及我們信仰的認信等題材極優秀的作品。我把初稿閱畢數次，也久久未能下筆——只因這份沉重感在我內心蕩漾。

十二年前，我的妻子曾燕玲在三十歲初之際，因為患上癌症，在一九八八年底病逝，遺下當時只有半歲的小女兒。十二年後的今天，我重回這段痛苦、傷感與耗人精力的時刻，便很能夠明白立人的感受與掙扎。

在書中，立人所揭示的世界，不獨是在感性中對妻子有著不能磨滅的懷念；另一方面，他在理性的分析中，也不斷去追尋與求問，這種率真、直接與毫無掩飾的理性追尋，是一份高貴的情操，實屬我輩中學習的典範。

在〈眼淚並未抹乾〉一章中，立人提到：「至於我，並不懂得在你面前表達我的感受。但我想你知道，每一個晚上我都飲泣呢！……十一年的婚姻生活，你和我已經分不開了。……我的哭泣是基於我感受到我的痛苦，因為你和我已是同一個生命了。」（第一封信，頁 4）

「……誰說男人沒有眼淚！我們的眼淚可以比女人的還要多。只不過我們比你們快把淚抹乾。」（第三封信，頁 10）

類似的私人信件或隨後的文字紀錄，對於立人而言，是藉此向他的妻子表達愛意、關懷與祝福。我相信在每一個時刻，每一對受重病考驗的夫婦，也有上述的經驗。在這段十分短促的生離死別時刻，也往往成為人們婚姻中最難磨滅的印象與感覺。

回憶十二年前，當我的亡妻燕玲要接受手術之際，我站在手術室門外，為她祈禱，希望她能痊癒，「平安無事」。其時，我扮演著丈夫、牧者等角色。在為她念詩篇二十三篇時，當念到「在我敵人面前，你為我擺設筵席，你用油膏了我的頭，使我的福杯滿溢……」。其時，我自己也不禁潸然淚下，最終她也撒手塵寰。人世間的一切紛亂、快樂、失意、香港主權移交、虛偽……再也不屬於她了。這份一直累積在我心底的沉重、失落、無奈與孤單，也終於在一九八九年復活節前夕爆發。

那一刻，我正在元朗香港大學的嘉道理農場內，參加一個名為「沙維雅家庭重塑營」，在最後兩天，我有幸在兩位資深的外籍輔導員引導下，重演一次亡妻患病前後一切種種，我共選了二十多個角色，有太太、女兒、上帝、魔鬼、自己、工作、人生目標等，經過整整六小時角色扮演後，在最後一刻，二十多個角色用手圍著我，支撐我，勉勵我繼續在這人生旅程中奮鬥，我哭得死去活來。事後，身、心、靈好像做了一個很大的手術；現在，我好像被放進深切治療室一樣。

透過這些角色扮演，我知道自己只是一個很普通的凡人，我也為著亡妻的病發抱怨，為何我要在三十多歲之齡，便要擔負這樣沉重的擔子。我怨恨、不憤，隨之而來感到孤單、恐懼，生命裏有著一份揮之不去的失落感。若上天許可的話，我真希望以後不用再面對這種考驗！臨離開營地時，我面對著陣陣疾風，在風中我錄下數個鐘的內心剖白。這段刻骨銘心的感受，此世難忘。

所以，在立人作品後數章，即〈論上主〉、〈論身體〉、〈論祈禱〉、〈論復活〉、〈論關顧〉及最後一章〈論生命〉，都是他內心無盡的掙扎與考驗，也是一個摯誠丈夫對亡妻無比的懷念的感情反省和宣泄，實在令人閱後動情，也為到人世間有這樣夫婦之情而感恩。

自從我透過摯友陳士齊博士在一九九九年獲悉立人內子笑雲患病，由於我跟立人也不大熟悉，所以只能用書信與問候咭表達對他們的關心。想不到在不多時間，笑雲便逝世。在她的喪禮中，我也寫了一封信問候立人。在過去十二年歲月，我也學會一件事，當有弟兄姊妹或朋友「有事」、患病（大多是重病），我也毫不猶疑地送上問候，或提供一些幫助。縱使這些幫助是微不足道，但是，一杯涼水對我們曾經過這些考驗與掙扎的人，格外有一份共鳴感。「我深信，時間可以幫助立人療傷，靠著上帝恩典、自我生命的潛藏力及身邊朋友的鼓勵，你終於可以支撐起來……」，這是我在笑雲喪禮中寫給立人的信中的其中一段，我至今仍然秉持著這一份信念。

在未來人生的歲月，我期盼立人及笑雲的孩子——

正芯與正荇明白，縱然媽媽不再在她們身邊，她們兩人在不足之下仍然可以健康、正常與歡愉地成長。若在可能的範疇與上主心願的許可下，我也實在希望立人可以再找到知音的人生同行者，正芯與正荇能夠找到新的媽媽，一起繼續奔走人生餘下的旅程。在此謹向他們一家表達最摯誠的祝願！

繆熾宏謹序

二○○○年復活節前夕

自序

從沒有考慮要整理和記錄我對內子患病和離世的感受。因為這過程是痛苦的。加上我不善於用文字來表達自己的感受。內子離世時，適逢我在課堂上要講授「上主，創造與終末」一科，而其中一堂就是對神義論的討論。就這樣，我寫下了〈「為何天父取去我的媽咪？」論上主〉為課堂講稿。不料在寫完該文後，我的心靈被震動，一點也不能平靜。於是，我開始感受獨處的滋味，觸摸自己對已離世的內子的懷念，說出自己對命運的無奈。一點一滴，我將我的感受、我的反省逐一寫下。我沒有試圖要解開苦難之謎，只是嘗試說出一個受苦者的感受與困擾。

若你問我如何描述苦難，我會毫不猶疑地答：「苦難是極之荒謬的」。因為在其中，我看不見一點積極的意義，反而只感受到命運的無情與無理。又若你問我如何投射「苦難之後」的生活（若真是存在的話），我相信會是成長。不是因為我相信柳暗花明，而是我相信上主仍在。

我的經歷使我對聖經有很不同的體會。每當看到福音書描述耶穌如何使病人痊癒時，我內心總會為著當事人歡欣與感謝。但另一方面，我卻有些不甘心。

因為有很多病患者得不到痊癒，但他們的經歷卻沒有被記錄。對於福音書「報喜不報憂」的態度，我感到可惜和失望。正因福音書高度強調耶穌醫治的能力，我們對上主就存有一份幻想。拙作就是嘗試以個體實存的體驗去說明為何我仍要堅信一位「不靈驗」的上主。

在此，我特別多謝江大惠先生、溫偉耀教授和繆熾宏先生為拙作賜序。大惠兄讓我感受著生命是要享受；偉耀兄讓我看見苦難不能摧毀生命；而熾宏兄則讓我感受著慰問的寶貴。然而，在內子患病到我們適應新生活的期間，我們一家卻感受著無數認識和不相識的朋友的支持和代禱。這一切使苦難的苦變得還可忍受和對抗。

謹將此書獻給你們，亦盼望拙作能分擔那些與我有類同體驗的同路人的掙扎。

龔立人

二〇〇〇年三月二十一日

再版序

自本書出版後，我有機會被邀請到不同的聚會分享我對苦難、死亡和關顧的看法。粗略地說，與會者可分為兩類。第一類是沉默者。他們對於我的分享沒有詢問、也沒有甚麼回應。但他們的沉默給我一份同在感。因為他們擔心任何的詢問，會令我稍為痊癒的傷口再度撕裂。為著這些朋友，我要感謝他們的愛護。第二類是詢問者。他們對於我對信仰的詮釋並不完全接受，要求我進一步以理說明我的論點。他們的詢問是直接和冷靜，甚至無情的。因為他們對信仰並不隨便。為著這些朋友，我要多謝他們提醒我需要認真對信仰。

對於某些朋友來說，本書說理的部分很難消化，他們甚至可能放棄閱讀下去。因為這與訴情的部分實在格格不入。又對於某些朋友來說，本書訴情的部分令他們很不舒服，因為我的信仰太主觀、人化。然而，對於在苦難中的人來說，情與理並不可以清楚地劃分。這並不是說我情中帶理、理中有情，而是我在情與理中來回往復。可以說是混亂，也可看為真摯。

當獲知本書需要再版時，心中並沒有太大的興奮，只有百般的感慨。沒有興奮，是因我從不希望我會寫這本沉重的書。只有感慨，是因苦難並沒有收斂過。

但倘若本書能使一小撮人對上主堅信無疑，我的心依然可以發出感謝。

雖然藉本書的再版我補加了兩章，但對於第一版的部分，我沒有作任何修訂。不是我的信仰沒有新的體會或需要悔改的地方，而是我仍想保留那刻經歷心靈交瘁所反省的成果。縱使那刻的反省不夠成熟，甚至充滿矛盾，但這是在沒有修飾下最真實的我。補加的兩章分別為〈主啊！我將她交在祢手中：論聖徒相通〉和〈信仰改變了我〉。願這進一步的分享能說出受苦者的信心與盼望，互相勉勵。

龔立人

二〇〇一年七月二十九日

目錄

第一章

眼淚並未抹乾

內子於一九九九年十月二十一日離世。對於我們一家人來說，她的離世是我們一家最大的遺憾，一個不能填補的損失。自內子被證實患上末期癌症時，她就要獨自承受癌細胞帶來對她身體的傷害。或許，要數算苦的話，內子所承受的苦比我和兩個孩子都要多。至低限度，我們沒有經歷過腳痛至不能動的地步；亦沒有經歷過要連續五個月躺在病牀的時間。然而，人卻是一個羣體。雖然我們不能完全感受她所體驗的苦，但我們卻參與她的苦難。因為基本上，苦難是羣體性的。我的說話、我的文字絕不能反映內子的苦，亦不能代她說話。但因苦難是羣體性的，所以，我亦不能不面對自己的痛苦。以下，讓我先與你們分享內子由患病到離世這不足一年的時間，我的一點體會。

第一封信

自十二月初，你已經不在家。一切大小家務還可以應付。然而，雖然抱著疲乏的身體，你還堅持出席正苻學校的聖誕聯歡會和正芯的生日會，你對她們的愛是肯定的。事實上，她們亦感受到媽媽的愛。

至於我，並不懂得在你面前表達我的感受。但我想你知道，每一個晚上我都飲泣呢！尤其是看見你疲弱的身體時，我更泣不成聲。你知道你的痛苦就是我的痛苦嗎？奈何我始終不能分擔你一點痛苦，這使我更痛苦。但真正受苦的卻是你。

或許，十一年的婚姻生活，你和我已經分不開了。我的哭泣不是基於同情，亦不是基於關懷，因為同情與關懷正將你看為我以外的一個生命。我的哭泣是基於我感受到我的痛苦，因為你和我已是同一個生命了。

笑雲，我很恐懼，因為我不懂得如何走下去；我恐懼，因為我沒有信心養育正芯和正苻。然而，生命始終要活下去。我答應你，無論在甚麼環境下，我會堅持支撐下去。

往日，我們豈不是一樣可以衝破萬難，建立自己的家園嗎？難道今日我們會放棄自己的家園嗎？絕對沒有可能，就算到死的那一天，我們絕不會，絕不會放棄。聖經説：「上主在我敵人面前為我擺設筵席。」（詩二十三5）這是對不公義的事情一種示威的表達。上主不會離我們一家而去的。

死亡，你以為你可以威嚇我嗎？你卻不知上主為我的勝利慶祝。痛苦，你以為你可以使我崩潰嗎？你卻不知上主已堅固了我。癌細胞，你以為你可以侵蝕我的生命嗎？你卻不知上主已賜我一個新生。孤單，你以為你可以使我意志消沉嗎？你卻不知上主與我同在。讓我們一起向敵人宣戰，因為上主已為我們擺設筵席。

一九九九年一月十日

第二封信

我疲倦，是因我看見正芯一天長得比一天大時，我沒有信心可以照顧她的身心成長。或許，我可以每日跟她溫習功課、每日為她預備午膳、甚至每日跟她說故事，但我始終不能體會和滿足一個小女孩在身心靈成長中一切的轉變和需要。是我想得太遠嗎？不是，而自去年（一九九八）十二月開始，你已經有快接近四個月不在我們中間。在毫無心理準備下，我就擔起整頭家。從安排孩子的起居飲食到對你的照顧都一一由我安排。坦白說，我實在有點累了。

是她的成長基本上沒有停止過。笑雲，正芯需要你，沒有一個人可替代你的角色。是我加重你的壓力嗎？不是，我只是說出一個基本的事實。雖然家裏的一切似乎井井有條，但家庭的氣氛並不是這樣。

我疲倦，是因我看見正荇得不到當得的培育和照顧。因工作的關係和家庭事務的安排，正荇的興趣被忽略了。從逛街、購物到音樂班，從與她一起玩耍的時間到做手工，正荇都被剝削了。然而，她還是很聽話，一點也不投訴和抱怨。或許，這是否只是一個時間的問題呢？我沒有反對，但其中有心思的安排和策劃又豈是時間這麼簡單呢？笑雲，正荇需要你，因為菲傭只可以在肉體上照顧她，而不能在心志上照顧她。事實上，從近期正荇的學習上看，我們已意識到她的困難了。

我疲倦，是因我要獨自一人承受家庭和工作的壓力。菲傭的出現確實可減輕我在家庭的角色，我不再是清潔工人和廚師，但她始終不能減輕我對照顧孩子的責任和對家庭的計劃。事實上，你往往就扮演家庭的設計師、推動者和修理員的角色。沒有經過悉心的培訓和充足的預備，我就被任命接下這一切工作。壓力實在太大了。往日，是你分享我工作中一切的喜與憂，但如今，我卻獨自承受一切。

或許，當我投訴我太疲倦時，我忘記了你可能比我更疲倦。每日面對著沒有明顯好轉的身體時，你可能已很疲倦了；每日吃著同一種蔬菜和藥物時，你可能已很疲倦了；每日都不能很自主地安排自己的生活和活動，你可能已很疲倦了；每日都期望有多一些時間與女兒相處，你可能已很疲倦了；又每日期望我可以有多些時間跟你溝通，你可能已很疲倦了。

或許，當我著眼自己的疲倦時，我不要自怨自艾，因為你比我更疲倦呢！在此，我想起一句話：「壓傷的蘆葦，祂不折斷；將殘的燈火，祂不熄滅。」縱使我們帶著這疲倦的心靈，但沒有任何一個理由，我們的疲倦會帶來我們對生命的否定。

一九九九年三月七日

第三封信

自有孩子以來，都沒有特別為我們的結婚周年慶祝。不是因為孩子取代了你，而是生活叫我們總沒有休息的機會。上一年（一九九八）是我們結婚十周年，本計劃為此而大肆慶祝。奈何當天有特別的工作，故未能抽空與你和家人慶祝。想不到一年後的今天，你已患上癌症，走動已極不方便，我們才可以停下來回憶十一年前那天的情境。

自相識、結婚到今日，我們已一同走過十五年了。在這十五年間，我們有爭吵、有抱怨、有無奈，但我們亦有開心、有關懷、有共同進退。或許，婚姻本身就是這樣的弔詭。我不敢想像沒有爭吵和抱怨的婚姻是否真實的婚姻；同樣，我亦不敢想像沒有關懷的婚姻是否婚姻的真諦。事實上，婚姻關係卻有賴這些矛盾才可編織起來。

此間，我特別想起十一年前在婚禮中我對你許下的承諾，就是「不論富貴或貧窮、健康或患病，我都愛你、尊重你和照顧你。」在婚禮那一刻來說，這對白似乎帶點浪漫。然而，這承諾不是為浪漫婚姻而許下的，而是現實地指出婚姻的毫不浪漫。這要求不是一種對對方的控制，而是雙方自願的承諾。就是我們的關係不能被取代，亦不能被條件化。愛、尊重和照顧一個患病的人是我要去學習的。因為在照顧中有愛，所以，請你接納我可能有的情緒；因為在尊重中有愛，所以，請你接納我對你可能有的不認同。然而，由始至終，我沒有放棄「執子之手，與子偕老」。不是因為一個道德的要求，而是因為自結婚那日起，我們的生命已分不開了。

已有一段時間沒有主動送禮物給你，不是因為沒有這個需要，而是因為缺乏心思。是甚麼原因？或許，這是男人吧！今年，我特別選購了一對戒指作為紀念。但想不到我的無名指已比結婚時粗了一倍；相反，你的無名指卻比結婚時消瘦了一點。想不到十一年的歲月，我竟然沒有令你增磅，反而令你消瘦。是我對工作的投入，令你得不到應得的關懷；是我對外在事物的興趣，令你得不到適當的休息；是我對事物的堅持，令你得不到當得的尊重。請原諒我吧！

每當我看見你痛苦的身軀時，我便禁不住眼中的淚水。又當我看見你雙腳的活動已大不如前時，我的心更痛。你是否知道，每個晚上、每當我獨自駕著車子時，眼淚都忍不住奪眶而出呢？誰說男人沒有眼淚！我們的眼淚可以比女人的還要多。只不過我們比你們快把淚抹乾。

不知我們還可以一起走多久，但我從不後悔與你共度的日子。我總不會忘記我們在大埔舊洋涌建立我們的第一個家園；我亦不會忘記我們帶著三件行李、一台縫紉機在蘇格蘭共同奮鬥的日子；我更不會忘記回港後在生活上的適應。這些記憶讓我們肯定，以往我們一同走過的路並不是一個巧合，而是我們共同付出的成果。事實上，我們還有將來呢！誰説患癌病的人沒有將來？誰説將來是由醫療科技決定的？原來將來是由我去決定，就是我決定如何過每一天。將來就是由每一天開始，沒有今天，哪有明天？願藉此刻，我們不自憐、不怨天、不尤人，繼續走上主為我們預備的路。

一九九九年四月十二日

最大的禮物

因著患病的緣故，內子已有八個月的時間沒有回家了。期間，我和兩個女兒常去醫院或外家探望她。正芯更成為醫院插花義工組的成員呢！有一次，內子對女兒說：「你想媽媽送甚麼禮物給你呢？」正芯毫不猶疑地說：「媽媽回家就是最大的禮物。」

對做父母來說，這一句說話足以令我們願為她做牛做馬。但同樣的一句說話，她是否知道她會失去一個選購玩具的機會呢？更甚者，我可能會用這句話來拒絕她日後買玩具的要求。

每一次，正芯探望媽媽，她總是說：「媽媽，你還未給我禮物。」對內子來說，這句曾令她傾倒的說話竟又成為一種負擔。但這又可以看為一種鼓勵和刺激。

今日，是內子回家的日子。早上，我們各人亦準備好一切，歡迎媽媽回來。下午，當醫護員將內子推進屋時，兩個孩子立即跑來狂吻她。她從沒有想過孩子會這樣熱情，在驚喜之餘，她們三母女就擁抱在一起，有笑，亦帶點淚。這幅應該時常出現在家中的圖畫終於可以再出現了。

媽媽回來後，每一個人的身分和生活都有了些改變。正芯就擔起護士長一職。而正荇就是小護士。她們似乎對自己的職責很認同。正苻已被訓練成懂得倒水和拿藥給媽媽服用，而正芯亦懂得榨橙汁。

一晚，正苻洗澡後，我一如以往準備給她穿衣服時，她卻說：「爸爸，你不用幫我，我懂得自己穿衣服。你去照顧媽媽吧！」孩子們似乎已知道我不能像以往一樣照顧她們，但她們沒有投訴。因為我們都認同媽媽是需要照顧的。

一九九九年七月二十八日

風箏

因身體不適，媽媽被送進醫院去。女兒正芯和正荇分別都畫了圖畫給她。正荇的圖畫是一隻小鳥和笑著臉的太陽伯伯。正芯的圖畫，卻有一個流著眼淚和一個閉著眼的公仔。此外，上面寫上，「祝你早日康復」的字句。

我問她：「我相信哭著臉的應該是你吧！但為何媽媽閉著眼睛呢？」她回答說：「這是我和媽媽的祕密。只有她才會知道。」對於一個「八卦」的父親，我始終很想知道她們內中的祕密。在苦苦哀求下，她終於答應說：「你猜猜吧！」

我說，是媽媽健康的樣子嗎？是媽媽睡覺的樣子嗎？……她都搖頭。最後，我說：「是媽媽在天父那裏嗎？」她點著頭。我問：「你不喜歡媽媽在天父那裏嗎？」她說：「是呀！」她繼續說：「為何天父要接走媽媽？」我慢慢說：「天父沒有接走媽媽，祂只是照顧她。因為爸爸沒有能力照顧媽媽，醫生和護士都再沒有能力。所以，天父就親自照顧她。」她答：「為何天父照顧完媽媽後，不將她帶回來呢？」

對她這樣的一個問題，我的心情頓然變得沉重和難受。我說：「但不要忘記，我們總有復活的一日呢！

到那時，我們就可以再與媽媽一起。更重要的是媽媽可以站起來，不用躺在牀上了。」

她說：「但我不想媽媽自己一個人去天父那裏，我喜歡我們一起去。」我帶著淚水說：「是呀！我們終有一日會見媽媽。」

她帶點興奮說：「不如我們放風箏，上面寫著：『媽媽，你好嗎？』」我答：「好主意，我會寫上：『我們永遠掛念你。』」

一九九九年十月十六日

願望船

下午，帶著孩子途經一間書店，她們嚷著要進去。正芯跟我說：「爸爸，我可以買多少東西呢？」我沒有正面回答，只說：「你選擇完後，讓我看看是否值得買吧！」正荇聽見後，又喊著說：「我又要。」隨後，我們就分別到書店不同的角落去了。

一會，正芯走過來，說：「爸爸，我想買三件東西。」她拿來給我看。它們分別是口琴、顏色摺紙和小玻璃瓶。她對我說：「因為我很想學吹口琴，所以，我要買口琴。而這個玻璃瓶是要載我用這些紙摺好的小船仔。每一日，我會摺一隻小船。每隻小船裏，我都會寫下我的願望。」聽完她這番解釋，相信沒有一個父母可以忍心不成全她的願望。

望著姊姊手上有三份禮物，妹妹有點不滿說：「我都要三份。」因她手上只有兩份呢！我還未跟她解釋甚麼是公平，她已四處搜集多一份禮物。我聽見姊姊對她說：「不要買這件東西，因為沒有意義。」這樣，姊姊就和她一起選擇了。她們希望從物件中找著購買它的理由。坦白說，要為裝飾品尋找意義是艱難的。最後，妹妹無奈地接受只買兩份禮物的事實，因為她始終都找不著合理的原因呢！

回家後，正芯就回自己的房間，趕著摺她的願望船。一如以往，我問她：「你可以告訴我，你第一隻願望船的願望是甚麼嗎？」她笑著搖搖頭。我也只好央求她。她終於説：「是媽媽早日康復。」

不錯，這是我最想聽到的説話，但亦是我感到最難過的説話。因為這願望在孩子有生之年都沒有可能實現。我帶點傷感説：「媽媽一定會很開心。」

她微笑著：「我都摺一隻願望船給媽媽，讓她寫下她的願望。」

一九九九年十月十八日

支點

生命需要支點，因為它不但可以為生活指引方向，更重要是它可以支撐生命，使我們能面對生活種種的艱難。一方面，支點可以從為誰或為何而活引申出來。例如，我為著孩子而活和奮鬥，孩子就同時成為我生命的支點，指引和支持我的生活。但另一方面，支點並非必然要從人生目的而來，也可以是一個人或一個信念對我的支撐。意思是，我是依賴著他而活，而因著他的緣故，我可以走人生的路。譬如，對孩子來說，父母就是他們的支點。因著這個支點，孩子可以勇敢地開拓生活的種種。支點就是讓生命有一處休息的地方，亦是生命的導航儀。

然而，生命始終是無常的。它常常在我們沒有準備下，徹底改變我們的一生。尤其是當我們往日的支點不再可以成為今日的支點時，我們的生活會變得凌亂和失去重心。宏觀看來，我們的國家豈不正經歷類似的一個過程嗎？縱使我們的領導人以鄧小平理論作為國家的支點，但我們對此有點懷疑，它真的可以為我們帶來公義、和平嗎？還是它只是另一場政治鬥爭呢？事實上，我們曾經歷對共產主義、毛澤東思想從信任到崩潰的過程，而到目前為止，我們還在尋索可信靠的支點呢！這正是為何有人解釋近期法輪功事件就是一個失去支點的現象。

微觀看來，我們豈不曾或多或少經歷失去支點，以致生活變得乏味嗎？例如，孩子長大了，父母的生活頓時變得不知所措；與男（或女）朋友分手了，每一日的生活變得更難過；親人離世了，生活變得空虛，沒有方向。從這角度來看，支點就是生命中的生命力。

不論是因為往日的支點不能承載今日的經歷，還是因為往日的支點已逝去，不能再返，我們總要為生活找另一個支點。然而，當試圖尋找一個新的支點時，又有甚麼支點可以支持我們去尋索呢？

一九九九年十月二十五日

比較

我們時常聽見有人説：「人比人，比死人」。所以，我們千萬不要拿孩子的成績與隔鄰的孩子比較，也不要拿自己的教會與別人的教會比較。不論誰優誰劣，這都是不公平的。

然而，比較又不一定是負面的。例如，在苦難中，當事人藉著與那些遭同樣患難的人作比較時，他可能會發現自己並不是世上最慘的一位呢！因為不知為何，在世上，你總可以找著一些際遇比你更不濟的人。但反過來説，若我們找那些際遇比我們好的人作比較時，自憐就是必然的結果。那麼，問題就在於我們是否懂得在不同時空下找合適的比較對象。

話雖如此，但與人比較總是不必要的，因為受苦的是自己。縱使我們可以説，我所承受的苦比他輕，但這不一定等於我活得比他輕省，因為這苦始終是由我承受的。沒有一個人可以跟我比較，亦沒有一個人可以輕看我的苦。我的苦是輕還是重，只有我才可以説。可能失戀不是一件大不了的事，但於我來説，可以等同生命的全部；同樣，配偶的逝世不是世界末日，但於我來説，可以等同宇宙爆炸。強調個人實存經驗的重要不是要放大個體的經驗或將個體獨立於羣體，而只是肯定個體的主體性。我就是自己苦難的參考點，並不是別人；我才是自己失意的參考點，並不是別人。這樣，請不要逼受苦的人或失意的人接受我們對他的安慰價值。

當肯定個體的主體經驗時，我們發現經驗是因著個體與外在實體相遇而產生互動的結果。這樣，經驗就不單只取決於個體，更牽涉外在實體。因為當個體決定如何接觸外在實體時，同樣，外在實體也決定如何接觸個體。因此，經驗永遠是個體與外在實體彼此間活的關係。因經驗是動態的，所以，個體是不可能不變的。

但當個體經驗變得固執、刻板和自以為是時，他與外在實體的關係已失去互動性了。這是為何我們稱這種經驗為主觀。

一九九九年十月二十八日

一個夢

正準備吃橙時，正芯走過來，說：「爸爸，我都想吃橙。」我爽快地說：「好，沒問題。拿一個橙給我吧！」她很順服地照做。

當我們一起吃橙時，我對她說：「昨晚我造了一個很奇怪的夢。」她問：「是怎樣的？」我輕鬆地說：「在夢中，我看見媽媽，我還跟她談話。但我們不是在香港，而是在上海。最特別的，就是她差不多已經痊癒了，還懂得走路。」

正芯瞪大眼睛說：「爸爸，我都在夢中看見媽媽呢！」我很有興趣地問：「是怎樣的？」她認真地說：「媽媽跟我一起玩，但不知甚麼原因，她中途就走了。我一直叫著她回來，但她卻沒有理會我呢！」我帶點同情的口吻說：「你一定很傷心了！」她伸伸舌頭說：「是呀！我還流下五滴眼淚。」

我半開玩笑問：「你怎麼知道是五滴，而不是六滴呢？」她說：「因為我很留心數。」我又說：「是嗎？你的眼淚是真的，還是假的呢？」她不服氣說：「當然是真眼淚，因為那時我已經醒過來，並用手抹眼淚呢！」這段帶有幽默和傷感的對話令我的心情一點也不好受。我說：「或許，下一次造夢時，媽媽不會趕著走吧！」她點點頭，並很投入地吃桌子上的橙。

我對她說：「媽媽在世時，我們都很辛苦。因為照顧她並不容易。」她說：「是呀！但辛苦都是值得的，因為我們還有希望呢！就是希望她會痊癒。現在我們連這一點希望都沒有了。」對於一個七歲的孩子能說出這樣的話，我的心情更沉重。

我說：「不如，日後我們多分享我們的夢，好嗎？」滿口都是橙的她，只好點點頭示意贊同。

一九九九年十一月十二日

浪漫的婚姻

若你問我甚麼是浪漫？我相信我們不容易將它描述出來。因為浪漫只可以感受和意會，而嘗試以任何理性和言語的方式來界定它，都只會將浪漫變得不浪漫。正因浪漫非筆墨可以形容，我們就只好用圖像把它表達出來。例如，拍照時加上一些朦朧的前後佈景，使相中人猶如置身在一個夢幻世界裏。又如在夕陽下，為一對在沙灘漫步的男女拍照，特意把他們的樣貌稍為曝光，以致他們的樣子只呈現深黑一片。

有趣的是，當我們過分倚賴視覺去感受浪漫時，我們的浪漫觸覺並不因此變得敏鋭，反而會變得遲鈍。因為我們漸漸缺乏從文字去體驗浪漫的想像力。再者，我們已不懂得用文字去表達我們的感受。這正是為何今日我們所看見的愛情浪漫詩都是過分露骨，一點浪漫都沒有。

浪漫又似乎只屬於熱戀中的男女，屬於披上婚紗的新娘子，或在教堂那一刻。當戀情從熱愛中冷下來，新娘子換上燒飯時用的圍裙，一手抱著BB，一手揹起一袋尿片和奶瓶時，浪漫似乎只屬回憶，不能再擁有。浪漫是奢侈的享受，不能在真實生活中發生。

然而，我並不相信浪漫只可以在安定繁榮、無憂無慮、夕陽西斜和明月倒影下才可以感受和發生。因為浪漫不是在外在條件許可下才可以製造出來。浪漫是從我如何對我的太太或我的丈夫的欣賞和愛慕培育而來的。意思是，他／她在你眼中是否依然有一份無法抵抗的吸引力？他／她在你眼中是否依然有一份不能被取替的品德？當然，隨著時間的消逝，往日曾吸引你的地方不一定在今天有同樣的吸引力。但若關係可以深化，我們並沒有需要依戀往日外貌的吸引，反而可以發掘新的浪漫。

強調浪漫生活不是要活在幻想裏，而是在透不過氣的生活和工作壓力下，浪漫讓我們可以欣賞生活中的美與善，依然可以讚美；又在生活艱難下，浪漫可以使我們幽默面對，不埋怨，不放棄。

節錄自二〇〇〇年一月二日一個婚禮訓勉講稿

聯想

今次是我第四次到丹麥，但每次經歷都不一樣。不一樣不是因為丹麥的景色改變了（坦白說，歐洲建設的變化是很緩慢的，十年後再來亦沒有太大的改變），而是我改變了。將這四次經歷聯在一起時，使我感到一點唏噓與無奈。

第一次踏足丹麥是在一九八六年，那時以交換生身分到來。再者，那次是我第一次乘搭長途飛機呢！那是一次興奮與刺激的經歷。還記得那時獨個兒跑去參觀嘉士伯啤酒廠，Legoland，美人魚銅像，安徒生故居等。每一事、每一景都是新鮮的，而我的眼界亦因此被開拓。

第二次是在一九九〇年的夏天，那時我和內子正在英國留學。乘便，我們就乘郵輪到丹麥來。那時的感覺是浪漫的。從在郵輪上，聽著鋼琴演奏，吃一頓 “five-course” 晚餐，到被舊朋友接待，每一段場景都令人陶醉。還記得我們在農場生活時，內子抱著一隻一隻剛出世不久的小豬呢！

第三次是在一九九八年的夏天。我們一家四口從英國回港的途中，在丹麥短暫停留了數天。因帶著孩子，我們沒有像往日般四處跑，主要是去 Legoland 和住在一個鄉村朋友家中。對孩子來説，直接與豬牛相處是第一次，直接從地上拔出紅蘿蔔而隨即放進口裏更是興奮。那次經歷很溫馨。

第四次到丹麥已是二〇〇〇年的春天，我是獨自一個人來丹麥的。但周遭的事物對我卻沒有半點吸引，可能是因我忙著會議。或許，説到底，我的身分已經改變了。不是變得成熟，而是內子已經離世。一年半前，我們一家四口還在廣場上追白鴿，但如今永遠不可能再聽見內子的歡笑聲。又當我致電回家時，只傳來孩子的聲音，往日從電話傳來內子的關懷與談話已不復再。

二〇〇〇年二月二十八日

任務完成

在人生不同的階段，我們總有不同的任務。有些任務是別人交給我們的，又有些任務是與生俱來的。然而，以任務來解釋人生是否一個恰當的表達呢？因為這可能令生命的壓力和擔子加重了。事實上，任務不是要強調生命的工具性，而是肯定活著是有目的和意義。生命的任務不是在乎對誰有貢獻，而是在於活出和實現本體生命的意義。活著就是任務，任務就在活著中。

說是任務，它就有完成的一天。做父母的，看見自己的子女長大成人時，內心總湧現一份完成任務的感覺。（當然，父母的任務是一生之久。）又當我們工作三、四十年後，退休就是表揚我們已完成一切工作任務。若生命是一個任務，死亡就是生命任務完結的記號。這正是為何在安息禮拜我們常聽見「息勞歸主」等字句。

若死亡只不過是完成了任務，它就不會是想像般令人懼怕。因為任務總要有完成的一刻，死亡只是一個宣判。但究竟由誰來決定我完成生命的任務呢？有人提出這應交由自然律來決定。所以，我們只有認命，讓自然自然地帶著我們走。因此，我們的任務就是活在當下的一天，而不是明天或後天。又有人提出是有意志的上主決定我們生命任務何時完成。這正是所謂「賞賜的是耶和華，收取的也是耶和華」。因此，我們沒有任何抗辯的權利。因為我們只不過是任務的實行者，而不是任務的分派者。

但究竟有哪一個人在面對死亡時，真的感受著完成生命的任務呢？一位有兩個年幼孩子的母親在將要離世時，她對生命總是耿耿於懷多於喜悅地說一聲「成了」。縱使一位年長的婆婆看見子孫滿堂，她也不會隨便對生命說一聲：「夠」。不是因為她們不忠於任務，而是她們對任務願意有更大的承擔，但被拒絕了。對生命的感嘆，是因任務的賜予與完成都不是由我們決定，但我卻是這任務的本體。「成了」是多麼令人嚮往和忿怒的說話呢！

二○○○年六月四日

《當所愛遠逝》[1]

這是朋友送給我的一本小畫冊。不知甚麼原因，我始終都拿不起心情去揭開這本書。不是我一點哀傷都沒有，而是我沒有膽量面對自己的傷痕。隔了三個多月，我終於翻閱這本小書。沒有期望這本書可以為我帶來任何驚喜，但當中一段令我有很大的共鳴。它說：

「讓自己再度擁有美好的感覺，與朋友一起歡笑、玩耍。擁有充實的生活，並非背叛記憶，而是向想要你過得好的人，兌現你的承諾。」

這段話可以讓我從一個較積極和正面的角度來看我今天的生活。當然，所謂積極並不是虛構的。因為若內子離世前真的可以向我說話，我相信她會同意以上的一段話，並叫我積極地生活。因為這也是我會向她講的話。

然而，內心的傷痛又豈是一段話可以安慰呢！坦白說，我仍嘗試要為內子離世一事尋找意義，但我知道到了最後，我仍是會空手而回。以下數章就是我的一點嘗試。或許事情實在發生得太快，內子由病發到離世只有十一個月，這實在太快了。我還沒有時間消化一切一切，但死亡已經取去內子的生命。以下數章的分享就是我的尋索之路。

我的眼淚並未抹乾，亦不用抹乾。因為這些傷痛是真實，亦無法補救的。惟有在那新天新地的日子，眼淚才會變為歡笑。

註

[1] 凱倫凱塔菲斯：《當所愛遠逝》（台北：張老師文化，1999）。

第二章

「我想選擇死！」：**論身體**

「我想選擇死！」是內子在患病期間間中發出的呼聲。這呼聲是因癌細胞已擴散至骨頭裏去，帶來的痛楚非旁觀者所能感受。聽見她的說話，望著她忍受痛苦的樣子，我說不出話來，只有擁抱著她，與她一同哭起來。哭是我惟一可以有的回應，因這是我對她一份同在的表示，亦是我對生命無奈的一份抗議。究竟面對生命中所不能承受的苦時，我們應如何看待一個似乎很密切，但又很陌生的身體呢？

對一個病患者來說，尋求死，不是因為她生無可戀，而只是對某一種生命的不滿。就是一個痛苦的生命，一個看來沒法改變而痛苦的生命，一個不會為生命帶來驚喜，不可以改變又痛苦的生命。這樣，病患者不是厭棄生，而是厭棄這種生存方式。倘若她的病況稍有好轉，她會選擇生多於死。當然，以上的假設不否定有人由一開始就已對生抱著尋死的念頭，但這依然不能否定他只是針對某種生活表現的方式，而不一定是對死亡的嚮往。[1]

若這樣的觀察是正確的話，我們就可以說，尋求死不是病患者對生命的悲觀，而是她對優質生活的肯定和追求。問題的焦點不是她是否有權取去自己的生命，而是我們如何理解優質的生活？又這種生活是否可以在身體痛苦中依然可以享受？還是它跟身體的活動能力有關？坦白說，這一切問題都不容易解答。尤其是，我不是當事人。誰人可以代受苦者說出她的感受呢？我們怎可以代一位躺在牀上半年的病患者說，沒有活動能力的生活依然可以是優質呢！這句話只可以從病患者自己的口而出，而不是從旁人的口而出。所以，以下我所說的，只是從一個沒有經歷過身體煎熬，但與病患者一同走人生路的旁觀者來看。對我來說，內子的感嘆觸發我需要整理對身體的理解，從而思考我們如何看待一個患病的我。

身體與靈魂

每當病患者身患重病而又無法被醫治時，我們時常聽見有信徒引用：

「……外體雖然毀壞，內心卻一天新似一天。」（林後四 16）[2]

「那殺身體、不能殺靈魂的，不要怕他們；惟有能把身體和靈魂都滅在地獄裏的，正要怕他。」（太十 28）[3]

不錯，這兩段經文都很有鼓勵性，但其不足之處，就是它有意或無意將身體與靈魂切割地看待，並將靈魂看重於身體。當然，我們知道身體不等於靈魂，但我們是否可以只討論身體不牽涉靈魂，或只討論靈魂而不包括身體呢？事實上，我們發現身體與靈魂是不能分割的。沒有身體的靈魂就不知道是甚麼；[4]同樣，沒有靈魂的身體就只是一具屍體。巴特說得好，「人是一個帶有身體的靈魂；同樣，他也是一個懷有靈魂的身體。」[5]對我來說，身體絕對不是一個工具或媒介來承載我的靈魂，而是我的生命。所以，身體絕對不是次要和可厭棄的。雖然身體會衰殘，但上主要我們復活，並將身體帶回來。[6]它就是那初熟的果子，是復活的主。復活就是為可衰殘的身體披上榮耀與尊貴。[7]因此，我就是我的身體，我不能離開它，亦不能沒有它。再者，這個世界是上主所創造的。在祂的創造中沒有一樣是不好的。祂稱人為好的，不是因為他內心有上主的形象，而是因為他的身體亦是上主形象的一部分。鄙視身體就是對上主的鄙視。這正是為何上主吩咐我們不能流人血。（創世記九章6節）縱使我們的身體會軟弱和衰殘，甚至被病毒折磨，但這身體仍是上主所造的，所以，我們絕不可討厭它；反而要擁抱它，照顧它，因為我就是它，它就是我。事實上，基督教信仰對身體是極之看重和珍惜的。但可惜的是，教會傳統卻有意無意輕視它。以下，讓我從基督論來說明。

道成肉身的上主

從耶穌基督道成肉身，我們就發現聖子絕不是取了人身體的外殼，而是祂成為真正的人。真正的人不是因祂有人的靈魂，而是祂有人的身體。所以，耶穌基督的人性是從祂有人的身體和靈魂中表達出來。然而，對於當時深受希臘哲學（特別指柏拉圖思想）的人來說，這是難以理解的。因為他們大致上對物質世界都抱著一份負面的看法，而身體就是物質世界的表現之一。要接受耶穌基督神人二性是荒謬的。況且，這是對神性的一種侮辱。在教會歷史裏，一方面，有信徒嘗試以否定耶穌基督的神性來維護上主的神性。例如，第二世紀的依比奧主義（Ebionism）。[8]另一方面，又有信徒嘗試以否定耶穌基督的人性來換取聖子的神性。例如，第三世紀的幻影說（Docetism）。[9]當教會在迦克墩會議（Council of Chalcedon）宣稱：

「我們一致教導我們應承認我們的主耶穌基督是那一和同樣的子，在上主裏同樣完美，在人裏亦是同樣完美；是真正的上主和真正的人；同一個理性的魂和身體，與父在上主中契合，亦與我們在人類中契合；除罪以外，與我們一樣。在創世之先，祂是從父而來，而成為上主；到最後，照樣，因著我們和我們的救贖，祂從童貞女馬利亞而來，上主之母，成為人……。」[10]

耶穌基督的神人二性因此而確立。

要提出這段對耶穌基督屬性討論的目的，是要指出耶穌基督的人性不是只基於祂是否有人的意志，而更是祂是否有人的身體。再者，人的身體又不是指一個物質的關注，而是它代表人整個生命的本身。雖然人的身體不等於人的靈魂，但沒有人的身體，我們就不能講人的靈魂。但奇怪的是，今天基督徒可以講人的需要，但不講他身體的需要；他們可以講內心更新，但可以不理會身體對人的影響。教會傳統對耶穌基督人性的討論，正是因祂的身體，不是因祂有人的靈魂。當然，身體一詞不只是一個物質名詞的代稱，用來特別指出上主與人類的分別。（身體是相對於上主是靈來說的。）而是身體一詞已包括人的一切：靈、意志與軀體。人的靈與意志要從身體去理解；同樣，身體亦要從靈與意志去理解。基於此，一切鄙視人的身體而只看重靈，或一切將人切割地分為身體與靈魂的看法都是對人不合理的理解。否則，我們的歷史就不用去維護耶穌基督的身體。意思是，若道成肉身是要強調耶穌基督成為人，而人的靈比人的身體更能表明人的真實的話，我們就沒有需要以肉體來解釋耶穌基督成為人，並可避免數百年對耶穌基督人性的爭辯。但這絕不是我們先賢的立場，不是因為肉體是相對於靈來說。所以，當我們說耶穌基督道成肉身就非提肉體不可，因為人的靈不能沒有身體，身體就是人的生命。

又當我們以腓立比書二章6至11節來頌揚耶穌基督道成肉身的偉大時，我們要進一步問，究竟祂成為人和祂的死有甚麼關係呢？意思是，若聖子道成肉身，為要成為人類的代贖者，祂的道成肉身就是上主用來回應人類處境的權宜之計，目的是要重建上主與人類的關係，拯救就是整個道成肉身的焦點。但若聖子道成肉身不是針對人類犯罪的一個回應，而是上主在創造時已有的計劃，目的是要讓人類明白和效法上主的形象。那麼，祂被釘在十字架只是一個歷史的偶然。這說法沒有否定聖子的救贖，而是看救贖為要帶來人的成聖。[11]因耶穌基督是上主形象和人類的典範。[12]所以，惟有藉著祂，我們才能明白和效法成為上主的形象。當然，這兩個對耶穌基督道成肉身的不同理解會有不同的著重點，但兩者不一定是對立的。事實上，他們都共同分享著一個基本的概念，就是道成肉身跟人類的命運是緊扣的。人犯罪固然需要上主的救贖，但縱使人沒有犯罪，亦需要靠上主的恩典而活。這兩者都是透過聖子道成肉身來成就的。[13]

以上討論的重點在於探討身體是否只是一個工具。

若聖子道成肉身只是為了回應人類犯罪的結果，身體可能只是一個工具。一方面，當這事成就後，這工具就可以除掉；另一方面，我們要為著聖子道成肉身而內疚。因為若我們不犯罪，祂就不需要成為人，不需要受著人身體的限制。當然，聖子道成肉身是上主對人類愛的表達，但仍是我們的罪逼使祂所選擇的方法。因我們仍認為肉體始終都是卑賤的，以致我們對聖子道成肉身一事總有點耿耿於懷。然而，問題又說回來，為何上主要成為人才能顯出祂的救贖呢？難道祂不可以成為其他更「低等」的動物，這豈不更能彰顯祂的捨己精神嗎？說回頭，若聖子道成肉身是上主創造世界時已有的計劃，身體就不是一個工具，它更有自身的價值。因為上主已決意將身體成為祂的一部分。意思是，在神性的上主裏卻存在人性，而同樣，人就是要邁向上主的神性裏。[14]早期教父愛任紐（Irenaeus）說：

「祂被造成為我們，以致祂造我們成為祂自己。」[15]

當我們接受這樣的解釋時，這是否會將上主與人本質上的不同拉近，以致最後令上主的超越性被輕視呢？問題又是，過分側重上主的超越，而忽略祂的內在性（immanence）又是否恰當呢？事實上，上主的道成肉身就正帶出上主內在於世界，但卻超越世界的意思。況且，若我們相信耶穌基督的復活不單是靈的復活，更是身體復活的話，這身體復活的基督又是三一上主本身，我們就無需擔心接受一位帶有身體的上主。要補充的是，耶穌基督復活後的身體絕不是我們這血肉之軀，但這不等於我們現時的身體沒有永恆的價值。因為縱使它不可以承受永生，但復活的身體是現今身體的延續與不延續。所以，一方面，我們不要怕失去現在的身體（以致我們不按理地求長生不死），因為身體總不能承受永生。但另一方面，我們要愛惜身體，因我們的身分和情感是由此而來的。所以，這身體不是我們想像中那麼短暫和沒有價值，因為祂對復活的身體有其延續性的意義。

具體的身體

以上我們的討論都較集中於論證身體在上主的本體和永恆中的意義和地位，但身體總有其歷史性。以下，我就試從三方面來討論耶穌基督的道成肉身。第一，我們看祂如何看待自己的身體；第二，祂如何看待別人的身體；第三，祂如何與人相處。（因第三方面不是本文的關注，故從略。）[16]第四，祂被釘在十字架上的身體。

第一，從福音書中，我們發現耶穌基督絕對不是一個禁欲主義者，但也不是一個放縱情欲的人。據福音書記載，我們常發現耶穌基督是一個愛食的人。當然，每次對耶穌進食的描述都有其神學的含意。例如，他跟稅吏和罪人一同坐席，就有著上主的國是要破除一切人為的隔離和偏見的含意。又如，他隨意進食是要打破猶太人對食物潔淨的概念。目的是「指出與上主的親密關係在於個人的良知上，而不在物件上。」[17] 然而，不論其背後神學的意思，這不排除耶穌對食之嚮往和不認同禁欲主義。簡單來說，禁欲主義就是看身體為犯罪的根源和欲望，需要受到壓制。或許，對當時的人來說，耶穌就是一個放縱情欲和遠離上主的人。但另一方面，耶穌的故事卻顯出祂不是一個享樂主義者。從祂受魔鬼試探的故事，我們發現祂不會為滿足肚腹和榮華富貴（路四 1 ～ 12），而放棄對上主和使命的執著。事實上，祂指出「人的生命不在乎家道豐富。」（路十二 15）這樣，耶穌就陳列出一幅圖畫。一方面，禁食與否或滿足肚腹與否不會增強或削弱我們與上主的關係；但另一方面，我們要懂得讓我們的身體與心靈一起服事上主。事實上，受引誘不只限於肉體，心靈也不例外。所以，身體與心靈需要互相配合地忠於上主。

第二，沒有一個人能否認耶穌在世其中一項重要的工作就是醫治。（路七 20 ～ 23）對耶穌來說，醫治永遠都不只是一個心靈的問題，而是一個對個人身體很具體的關懷。耶穌真的是要醫好那些瞎眼的、失聰的、患病的……。若身體只是一個外殼，沒有永恆的價值，為何耶穌要治病呢？祂醫病的原因只有一個，就是因為祂看重我們的身體，而我們的身體就是我們生命的本身。病本身不只是一個肉體上的失調，而更是人生命的失調。肉體的不協調影響我們的心靈；同樣，我們的心靈亦會影響我們的身體，這是鐵一般的事實。事實上，我們很多時都與自己的身體隔離，直至那一日，我病了，我才承認「我」病了，我才體會身體與我的關係。在患病的過程中，我們才發現身體再不是一件外套，而是我的生命。它需要被愛惜、被體貼、被關懷。正因如此，面對已死去的拉撒路（約翰福音十一章），耶穌依然使他再活過來。這不是說，身體不應有衰殘的一天，而是我們的身體是上主所珍惜的，以致耶穌為此而施行神蹟也不計較。當然，拉撒路到最後仍要面對死亡，身體始終都會衰殘，但耶穌使他復活的行動就是肯定「祂是復活和生命的主」。

第三，當提到耶穌如何看顧病患者時，我們斷不能忽略祂被釘在十字架上的身體。簡單來說，耶穌被釘的身體不是一個令人羨慕的身體，而是一個破碎的身體。這個身體就是我上主的生命。然而，我們似乎以獻祭（救贖）和復活等等概念取替直接描述耶穌受苦和受死的身體，因為我們不懂如何看待一個受傷的身體。所謂獻祭，就是看祂的死為拯救人類的必然途徑，而漠視祂那破爛身體最基本的事實；所謂復活，就是以祂復活榮耀的身體理解身體，而漠視一個垂死身體的事實。最後，耶穌受害的身體變得功能化和靈意化，我們亦逃避面對和觸摸祂破爛的身體。事實上，在更正教的教會裏，我們在十字架上找不到那被釘的耶穌。他們解釋因為耶穌已經復活，不再在十字架上了。這是不錯的神學解釋，但這會使我們漸對受苦的身體變得陌生和抗拒。我們只記起復活榮耀的主，對那呻吟的耶穌卻變得陌生。當馬丁路德強調基督教的神學應是十架神學時，對我來說，第一步就是將受苦的耶穌放回在十字架上。讓我們可以親眼目睹祂軟弱的身體，親耳聽見祂衰弱的脈搏，以致我們學習去服事和擁抱耶穌這個垂死的身體。

以上一切的討論是要建立一個簡單的信念：身體不是工具，而是我們的生命；生命的素質不只在於內涵，更包括身體；身體雖然可腐朽，但我們仍要珍惜它，因我就是它，它就是我；犯罪和引誘不是單由身體情欲而來，更從我們心靈而來。身體與靈魂雖然不同，但彼此卻緊扣和依賴著對方。況且身體絕不是一個外殼，用來承載生命，用後可以棄掉呢！然而，身體始終會有衰殘（自然或是人為）的一天，就像耶穌一樣。那麼，我又該如何看待一個患病或傷殘的身體呢？這是內子的身體。

一個患病的我

對一個病患者來說，她比我們任何一個人更能體會健康的重要。例如，當我不可再走路時，我才體會雙腿可以活動的寶貴。又當我失去味覺時，我才明白甚麼是「食得是福」。然而，用患病時所經歷對身體不適的體會來理解何謂健康是否合理呢？這樣的做法會否將身體過分理想化，以致我最終成為自己所投射理想身體的受害者呢？尤其是當我知道我的病不會有好轉，甚至會逐步惡化時，理想的健康就只不過為我的生命帶來更大的痛楚和遺憾。因為我已發覺自己與它愈來愈遠。事實上，我們發現很多人自小就患病，以致要與病魔糾纏終身。若健康只是相對於患病的理解，這對他們在病患中所付出一切的奮鬥就是一種侮辱和蔑視。

病患者的經歷不是逼使我們珍惜健康，而是反問：「甚麼是健康？」意思是，健康不應以那些沒有病痛的人作為參考，而應參考病患者的生命。若對一個病患者來説，生命就是這樣的無常，就是可能沒有好轉的一天，健康應該是指一個適應，就是對衰老、痛苦和邁向死亡一份適應的能力。換句話説，健康就是一份與生活種種困難共存的能力。巴特説：「健康就是成為人的能力。」[18]以上對健康的解釋不是對病患者在不癒的情況下一種妥協的想法，而是若我們相信身體跟心靈是分不開的話，為何我們對健康的解釋，只停留在肉體上的描述，而不參考心靈呢？[19]再者，以身體的狀態來決定一個人是否健康是對傷殘者的一種歧視。事實上，我們都知道身體是在變化和衰殘中。惟有我們仔細聆聽身體的聲音和觀察它的變化，以致我們更能調和身心彼此間的關係，而不簡單地以心靈操控身體，或讓身體折磨心靈的方式來面對患病的我。

另一方面，與患病的身體共存似乎不是我們從小學習的生活態度。每當患病，我們都趕著去見醫生，盼望我們的病能儘快痊癒。這是我們惟一學習到面對患病時處理身體的方法。這方法是對的，但這種態度是否過於狹隘呢？患上不能根治的病的人正挑戰我們對醫療科技的崇拜。問題不是為何醫療科技還未夠先進，而是它基本上不是上主。它可以成就的始終有限。將它無限化只是我們的一廂情願。患上不能根治之症就是打破醫療的神話。

對患病者來說，他／她要學習認識和接受這個衰殘而又不能活動的身體是自己的身體。對照顧妻子的我來說，我要學習接受這身體是屬於我至愛妻子的。接受自己有如此的身體絕不是一件容易的事。因為當我們回想，一星期前，內子還可以走動自如，但一星期後的今天，她竟然不能走動。數個月前，我們還結伴重遊英國，但今天，她竟終日都要躺在牀上，連自己大小二便都要靠別人幫助；又孩子開課時，往日她可以替她們選購文具和衣服，但今天，她只可以假手於人。往日，身體是要協助我實踐我的意願，服役於我。但今天，我卻要去聆聽它，遷就它，甚至讓它主宰我的生活。這是諷刺，但這卻是我。縱使我們痛恨這個令人沮喪的身體，但它就是我。我不能沒有它而可以存在。又縱使每天我都受著這身體的折磨，但我依然要靠它生存。咒詛它只不過是咒詛自己的生命；與其與身體為敵，倒不如承認它是我生命不能分割的一部分。接受這個身體就是我，就是將身體與靈魂結合，不看它們為兩個不能融合的實體。一個不能動，只能躺在牀上的身體是我。一個只有側身才能減輕苦楚的身體也是我。不能動已是我生活的一部分，倚靠著別人協助的生活已是我生存的方式。接受這個身體就是去適應和調節身體的轉變，從而不將自己抽離於身體。惟有當我們發現這不能活動的身體是我的生命時，我們才可以再發現活著的樂趣。因為我們已不需要用一生的精力去抗拒它，而用這些能力去發掘生命中微小的樂趣。

但目睹內子的身體一天比一天消瘦，由往日九十多磅下跌至六十多磅，又感受到她一天比一天差的精神狀態，我感到痛苦和心酸。我沒有祈求她有一個完美的身軀，但我不敢想像這不能活動的身體將要陪伴她到最後。縱使死亡還沒有來到，但她已走進死亡的過程中。此刻，望著內子的身體，我彷彿亦看見耶穌基督被釘在十字架上的身體。耶穌在十字架上低聲說：「我渴了。」(約十九 28) 同樣，我聽見內子喊：「我的腳很痛。」每天，我學習協助內子梳洗、為她抹身、為她預備膳食、代她奔跑，讓她知道我們沒有遺棄她。雖然她已不像往日一般可以和孩子們玩耍，亦不可以專心聽我分享生活，但這虛弱的身體仍是她。我學習去擁抱著一個看來很陌生但很親密的身體，去照顧著一個時常照顧我，但現在連自己也不能照顧的身體，去體諒一個受痛楚煎熬而變得不耐煩的身體。因為這身體就是她，她就是這身體。

有牧師來為我內子禱告，說：「倘若可以的話，求父神接走她的生命。」另一方面，我又聽見一個見證，「我要感謝神將他接回天家去，因他在天父那裏比在世好。」這一切話似乎都暗示死亡有一個積極的意義：就是對受苦難煎熬的生命一種解脱。究竟死是甚麼呢？

死亡就是生的具體化

一提起死亡，我就很自然想起史榮本（Richard Swinburn）對死亡的看法。在論證這世界是上主最好的創造時，他說：因著有死亡的緣故，人類才能分享上主的創造力；又若沒有死亡，這個世界就沒有自我犧牲和在患難中所生的歡欣與忍耐；若沒有死亡，年輕一代就沒有機會抬頭；因生命有限制，人類就懂得集中精神工作。[20] 面對著人類的苦難，他說上主為人類提供了兩個方法來面對：第一，人類身體的構造説明人類只能容忍痛苦到某個程度，而一旦超過了，他就會死亡；第二，死亡就是對任何苦難的一個限制。苦難永不會是無止境的。[21]史榮本對死亡的看法不是毫無道理，但對一個對現況不滿的病患者來說，他的說話是安慰還是諷刺呢？安慰是因肯定痛苦不會是無止境的；而諷刺是因死就是徹底中斷生命中的關係，就是一個個體的完全終結。這並不是病患者對生命的期望。

或許，我們有需要將死亡分開兩個層面來理解。第一個層面，就是看死亡為一切受造物必然的過程。正因我們是從泥土而做，回歸塵土並沒有甚麼不妥當的地方。事實上，上主並沒有將永恆賜予給人類，而死亡是一切受造物的本質。倘若人類真的有永恆，這只是上主的恩典，並不是出於我們生命的本質。換句話說，縱使亞當沒有犯罪，他亦逃不開死亡。巴特說：

「死亡是屬於人的本質，這是上主美好創造中所命定和決定的。所以，人類在時間裏是有限和可朽壞的。到那日，他才會知道生命為何是這樣，但生命不因死亡而被看為被囚和詛咒。因為死亡本身不是審判。再者，它更不是上主的審判。這樣，我們就不需要恐懼。因為它事實就是這樣。」[22]

從巴特這段說話看，死亡是一個很自然的過程，是人類必然要經過的階段。死亡變成上主的刑罰只不過是因人犯罪而已，而不是其本質。因此，死亡對我們起不到絲毫的破壞作用。因為死亡是最自然不過的事，亦是每一個存在者的命運。這樣，肯定生必需敢於正視死的必然性。若要避免生與死有任何接觸，就會將生抽象化。如果一個生畏懼死，根本不能忍受終結，甚至不惜任何代價保存自己，那它只是抽象的生。抽象的生本身就不真實。要使真實的生具體化，就必需面對死。縱使生命終會過去，但在生所經歷一切的歡笑依然是真實的。因為每一個人扮演的特定角色或許可以被取代，但他的曾在始終不可替換，因為他曾是他自己。

當我們看死亡為人類很自然的過程，並努力協助病患者接受死亡是這樣時，相信他會因此變得有勇氣去生活和面對死亡的來臨。[23] 我們可能忘記死亡的弔詭性，一方面，死亡是很自然的；另一方面，亦是咒詛。只著意於它的自然，而看不見它的破壞是天真的。相反，只著意死亡的破壞性，而看不見它的自然卻會過分悲觀。那麼，死亡的破壞性在哪裏呢？

死亡的可怕就在於人犯罪後，死亡再不是生命自然的選擇和轉化，而是沒有盼望的終結。巴特說：

「在上主的審判下，人事實上是一個罪人和欠債者，所以，按著上主的刑罰，是要被判死。嚴重來說，就是第二次的死。但耶穌基督卻真正進入我們的死⋯⋯到最後我們短暫的存在和死亡都被祂的死遮蓋了。縱使我們持著對上主的盼望而要面對死，死亡本身已失去對我們的威脅，因為耶穌基督已為我們承受了苦難。這死亡確是邪惡的，是人類的敵人。基於此，死亡就毫無疑問是不自然的。」[24]

耶穌基督的救贖就是要克服死亡的權勢，以致我們在死亡中仍可重見希望。這正是路德說：「我們在生之中即在死之中。反而言之，我們在死之中即在生之中。」[25]因耶穌基督已經戰勝了死亡。路德更貼切地說：「死被耶穌之死殺死了。」[26]這樣，死亡就存著兩個含意。一方面，它是生命最自然不過的過程；另一方面，它也是人生命中最不自然的事。因為人的罪把死亡的本質改變了。但因耶穌基督的緣故，死亡對我們不存在威脅和破壞。它是一個過程，讓那腐朽的身體可以轉化為一個新的生命。因為耶穌基督已戰勝了死亡。

然而，對一個相信耶穌基督的救贖，而又深信死亡對生命不構成任何威脅的人來說，他也不一定可以歡欣地迎接死亡。壽高年邁而死是有福的死，但那些不是這樣死去的，我們總會有很大的遺憾，因為這不是一件自然的事。當然，這說法並不理性。因為我們只可以說，不會死的人才是最不自然，而用年齡來量度一個人死亡是否自然是主觀和沒有根據的。縱使死的自然不在於年齡，但我對那「不自然的死」，仍然是耿耿於懷，不是因為我沒有復活的盼望，而是我珍惜與在世的人一同生活的每一刻，看重我們生命中的關係。死亡的痛就是它能徹底中斷生命中的關係。她只屬於歷史，沒有將來；我們的關係只停留在回憶，不是現在。對面對死亡的人來說，關係的中斷又何嘗不是她對生命的惋惜呢！

在那不能改變的現實裏，我們只有無奈地緊握彼此的手向對方道別，含淚地引述耶穌的說話：「復活在我，生命也在我。信我的人雖然死了，也必復活；……」（約十一25）對我們來說，這不僅是一段安慰的話，更是我們的確信，我們惟一的盼望。就是我們必會再見，必再擁抱。

內子在日誌裏，曾寫下這一段話：

「誰能知道自己的壽歲有多少，但主勝過死亡的力量湧泉我心。所愛的人雖然要離世，也必然復活。願我倆永結同心，此情不變。」

本文原載於《道風：基督教文化評論》，第13期，二〇〇〇年。現蒙轉載。

註

1 明顯地，我的說法跟古希臘哲學是不一樣的。例如，亞里士多得認為生成為靈魂的死，死成為向更高的生的突破。對他來說，死是一種解放，是一個慶典。然而，對患病者來說，死只是對痛苦的處理，而不是對生命本質的處理。

2 雖然我們不能夠說，保羅是傾向對人二元論的解釋。但對他來說，他總認為人內在的生命勝於外在的肉體。以致他會認為與基督同在勝於在世活著（腓立比書一章 23 節），或以較負面的態度來看婚姻（哥林多前書七章）。

3 若我們留意路加福音十二章 4 節，那處就沒有將身體與靈魂分開。而馬太的記述（太十 28～31）是要說明靈魂重於身體，還是上主比魔鬼更有權柄呢？若按上下文看，應該是後者的理解更為貼切。事實上，身體還是靈魂，誰者重要並非這節所關心的。

4 有人認為在死亡與復活之間是有一段時間的，這就是靈之所在。因耶穌曾答應與祂一同被釘的人說，今日要與他到樂園。但另一方面，聖經卻很多時用睡的觀念來描述死後的情況，例如，帖撒羅尼迦前書四章 14 節和啟示錄二十章 5 節。我會選擇後者的看法，因前者將靈獨立於身體來看。

5 Karl Barth, *Church Dogmatics III/2*（T&T Clarks, 1962）, pp.350ff.

6 我相信肉身復活，而不是靈魂不滅論。這方面的討論可參看 James Barr, *The Garden of Eden and the Hope of Immortality*（SCM, 1992）, pp.94~116。

7 復活就是在世身體不延續中的延續。就像蝴蝶從蠶而出。他不再受制於那舊有，但仍是舊日的你。

8 此論點者認為耶穌乃是人，他藉著其善而獲上主升為神。參考 Linwood Urban, *A Short History of Christian Thought*（OUP, 1995）, pp.75~79。

9 此論點者認為耶穌的人性只不過是外在的表徵，而非上主本身。參考 Jean Danielou, *The Theology of Jewish Christianity*（DTL, 1964）, pp.55~63。

10 J. N. D. Kelly, *Early Christians Doctrines*（Harper Collins, 1978）, p.339.

11 事實上，在天主教的傳統，救贖不單是指稱義那一刻，更包括成聖。一九九九年天主教與信義宗教會對因信稱義所達成的共識亦贊同天主教的看法。

12 典範就是看耶穌為人類的代表。這不但是在救贖上，更是在人性上。參考 John McIntyre, *Theology After the Storm*（Eerdmans, 1997）, pp.156ff.

[13] 同上， pp.156ff.

[14] 按東正教的傳統，他們接受「神化」(deification) 概念。故此，這說法是可接納的。事實上，天主教的成聖和效法，基督教所講的「互通」(communicable) 都有相類似的看法。

[15] 參 D. M. Baillie, *God was in Christ* (Faber, 1948), p.129。這說法建基於看耶穌為人類的代表。這方面的討論可參 Wolfhart Pannenberg, *Jesus-God and Man* (SCM, 1968), pp.378~390。

[16] 有興趣者可參考龔立人著：《願你國降臨》(香港基督徒學會，1997)，頁 27～40。

[17] Elisabeth Moltmann-Wendel, *I am My Body* (SCM, 1994), p.38.

[18] J. Moltmann, *God in Creation* (SCM, 1985), p.273.

[19] 例如，世界衛生組織已強調健康是指身體、智能和社交健康的情況，而不單指沒有病痛和傷殘。

[20] Richard Swinburn, *The Existence of God* (Oxford, 1986), pp.191~196.

[21] 同上。

[22] Karl Barth, *Church Dogmatics,* III/2, p.632.

[23] Elisabeth Kubler-Ross, *On Death and Dying* (Taristock, 1979).

[24] Karl Barth, *Church Dogmatics,* III/2, p.628.

[25] E.雲格爾：《死論》(三聯，1992)，頁 124。

[26] 同上，頁 125。

第三章

「天父，求祢讓我多活十年。」：**論祈禱**

一個下午，家中只剩下我和內子二人。自孩子出生以來，這應該是記憶中第二次的事，第一次大約在一年多前。那時，兩個孩子在朋友家中吃晚飯，我和內子則有機會手牽手出外吃晚飯，度過所謂二人世界。回想起來，實有很大的感觸。雖然今天我們再有機會享受二人世界，但處境已經不同了。因為內子已患上末期癌症，她不能像以往一樣可以走動。相反，她終日要臥病在牀。彼此凝望著，擁抱著對方，一同哭起來。內子說：「我不怕死，但我最捨不得是你們三人。」跟著她說：「天父，求祢給我多十年的生命，讓我可以看見我的女兒成長。」這個禱告豈不是我們一家的心願嗎？每晚，我和孩子都為著她可以康復而祈禱。

然而，生命始終是無常的。當內子在一九九九年六月接受第二次的電療時，醫生對我們說：「到了這個階段，病人平均只有三個月壽命。」在醫生的預測內，內子終於在十月二十一日離世。天父並沒有應允我們的禱告，祂讓歷史這樣發生。我們的禱告並沒有改變內子的命運；同樣，我們的祈求亦沒有打動上主，以致祂改變歷史。究竟禱告是甚麼？又究竟我們多月來的祈求是否白費心機呢？

祈求不可少

簡單來説，禱告可以分為感謝、代禱、求赦免和祈求，而當中具爭議性的，就是祈求。因為一來，若上主是無所不知的話，為何我們還需要向祂祈求？這是否多此一舉？二來，若上主是應允禱告的話，為何有不蒙應允的禱告？（稍後將會交代這一點）面對這些疑惑，菲臘斯（D. Z. Phillips）提出我們應該對禱告中的祈求有不同的理解。他認為若我們的禱告只停留於祈求與成就的模式上，這會很容易將上主與我們的關係變成一種功利關係，一種彷似民間宗教的神人關係。[1] 相反，他提出禱告就是要讓我們體會上主的心意，而願意以祂的旨意成為我的旨意。禱告不是要改變上主，而是祈求者被改變了。[2] 只顧祈求上主應允我們的祈求是自私和自義的表現，甚至忘記我們應有的責任。他引用主耶穌在客西馬尼園的禱告，説：

> 「……我父啊，倘若可行，求你叫這杯離開我。然而，不要照我的意思，只要照你的意思。」（太二十六 39）

從這個角度來看，祈求就沒有分成就或不成就。因為祈禱是要幫助祈求者對自己的認識和發現，而不是從上主那裏取得甚麼。菲臘斯説：

「禱告只不過是在生活中尋求意義和盼望。例如，當一個信徒祈求上主能使她考試合格，她這樣的祈求不是希望上主能真的改善她的表現，而是藉著禱告，她可以面對失敗或成功，克服外在對她的壓力。」[3]

事實上，以上對禱告的理解在基督徒圈子裏並不陌生。甚至有時被高舉為信徒應該效法的方向。若我們稍為留意所唱的聖詩的歌詞時，這種態度就充分表達出來。[4]

我不反對菲臘斯對祈求的理解，但也不完全認同。不錯，以上對禱告的詮釋可以解答為何內子的禱告沒有被應允，亦可以將禱告是否蒙應允的問題變成我們的心是否被改變，但這樣的理解卻將禱告最基本的元素——人的祈求和上主的行動否定了。不錯，他似乎將禱告提升到一種不再以祈求為中心的神人關係，但我懷疑沒有期望上主作出行動的禱告會否是真的禱告。對菲臘斯來說，上主是否真的存在不是一個考慮。因為祈禱只不過是祈求者一種心靈的表達，一種默想式的治療法。但對於相信上主會因著祈求者的祈求而有所行動的我來說，我不能完全認同他的看法。

對我來說，祈求是禱告生活的必須。因為祈求向我們說明我們不是無所不能，要倚賴外在的能力。我們向上主祈求，因為我們體驗到生活是變幻莫測，又非我們所能控制。祈求就是承認一個簡單的事實：我們的能力是有限的，只有倚靠上主的力量。這份對自己有限能力的體會和對上主無比能力的確信就逼使人有一份宗教感。這份相信上主因我的祈求而有所行動和回應的宗教感是最真誠和最坦白的。因為這是發自我們的內心，而沒有經過任何的修飾。亦因著這份宗教感逼使我們尋求上主，與祂建立關係。試想想在我們人生的際遇裏，每當遇上不幸和我們無法改變的現實時，我們都會試圖求上主用祂的能力改變現實。這祈求不是要否定自己的責任，而是承認上主的行動。例如，早陣子，我帶著大女兒出席一次骨庫位抽籤程序，結果，我們被抽上第七位。她走來對我說：「爸爸，你是否知道為何我們被抽上第七位呢？因為我在座位上作了兩次祈禱。」

事實上，我不覺得有需要將祈禱中求上主行動的這份宗教感道德化。不錯，只停留在這份宗教感可能會扭曲上主與人的關係，但正是任何一個屬靈偉人亦逃不開這份最坦誠的宗教感。[5]所以，我們沒有需要一開始就以不道德來否定那祈求上主行動的禱告，而是承認這是禱告生活中不可缺少的。當然，祈求不單是為我自己而求，更是為他人而求。若我們換另一個角度來看，我所稱為最坦誠的宗教感其實就是尋求拯救。

尋求在變幻莫測的日常生活中可以安然度過。這豈不是上主不斷在歷史中向人類啟示的內容嗎？祂是拯救者。

心理學家費爾巴刻（Ludwig Feuerbach）和佛洛伊德（Sigmund Freud）批評這種宗教感正是人類對自我需要和自我能力的一種外在投射。[6]外在投射的結果就是上主的形成。事實上，上主就是人本身，祂的能力就是人自己的能力。所以，按他們所說，一個成熟的人不再需要向上主祈求，而是相信自己，並學習解決困難。佛洛伊德說：

「人不需要時常還停留在小孩子階段，他們最後亦需要進入這可怕的生活世界。我們可稱這為回復現實的教育……當他們把對外在世界的期望收回來時，並將其已釋放的精力集中在現實生活裏，他們會成功地達至一個里程，就是生活對每一個人來說都是可容忍的，而文化亦不再對人壓逼。」[7]

佛洛伊德的說法不是毫無道理。因為我們很多時都將自己的渴求投射在上主身上。最後，上主就成為我們心目中的上主，上主符合我們對祂所作的界定，而不是上主本身。[8]這正是為何巴特特別提出「讓上主成為上主」的口號。[9]當然，強調上主的自我啟示不一定可以解決問題。因為啟示總不能避免需要有聆聽者，而聆聽者又沒有可能沒有個人詮釋的投入。這樣，用佛洛伊德的言語，對上主有某程度的自我投射總不能避免。然而，從邏輯上來說，投射並不等於虛假。因為所投射之物可以是真實的。事實上，心理學沒有權威說那宗教經驗是真還是假，它只有用它可以的方法來解釋這現象。再者，心理不等於宗教感。[10]對超越的渴望不是一種心理作用，而是人類對自我發現的一種實存的體會。施萊馬赫（F. D. E. Schleiermacher）稱這為「絕對倚靠感」，田立克（Paul Tillich）稱這為「終極關懷」，奧托（Rudolf Otto）稱這為「既敬畏又嚮往的」。這一切絕非人類的心理狀態，而是宗教感。

另一方面，祈求又不一定等於祈求者是被動的，推卸應有的責任和袖手旁觀。康德批評那種只盼望著上主為人類成就一切的禱告為「偶像式禱告」(fetish prayer)。[11]相反，禱告者依舊會努力，但他相信這個世界不只是人類的世界，更是上主的世界。這樣，祈求上主行動並沒有否定人的行動，而是承認上主與我們本是這世界的行動者。向上主祈求就是更有意識地與祂同工，而不是讓上主只在此刻行動。很多時，我們聽見有人說：「只要你盡力做，上主就會替你做餘下的。」對於這樣的邏輯，我有很大的保留。因為它將生活分為「我的盡力」和「上主的餘下」。結果是：我們把禱告看為最後可動用的資源，而不看它為開始時，上主就與我們同工。

有人問，若我們相信上主是無所不知，為何我們還要向祂祈求呢？按以上所說，我們向上主祈求，跟祂是否知道我們的需要沒有關係。因為我們的祈求是因我們的需要，那是一份宗教感的驅使。又若祈求有時不蒙應允，我們為何還要花時間來祈求呢？當然，祈求者總希望他所求的終會實現，但他的宗教需要可能比他所祈求的是否會實現來得更重要。因為這份宗教感是最基本的。縱使所祈求的不知會否實現，但這並不會影響他對祈求的需要。從這角度來看，祈求是為要滿足人類的宗教需要。這正是為何不同的人總有他們的方法來滿足它。正如上文所說，人類本身的宗教需要沒有必然否定他們所祈求的對象是不存在或虛構的。因為所祈求的對象真實與否跟人的渴求沒有必然的邏輯關係。這樣，我們所祈求的上主是一位怎樣的上主，以致我們的祈求不會成為自我對話呢？

我們的上主

若祈禱不是自我對話，而是向我以外的上主祈禱，那麼，我們祈求的心態就反映我們的上主觀。照樣，我們的上主觀亦決定我們的禱告。以下，我嘗試檢視這雙向關係下的上主論。第一，我們的禱告不但反映著我們相信上主是聆聽我們的禱告，祂更會因著我們的祈求，而有所行動，甚至改變自然的常規。禱告不只是因為我們需要一個傾訴的對象，更是因為我們相信這個對象有憐憫和能力。因著祂的憐憫，祂必抱著一份同在感去仔細聆聽我們的祈求；又因著祂的憐憫，祂會為著我們的處境有所行動和回應。這份信念不是基於我們對上主的自我投射，而是上主的自我啟示。明顯例子，就是出埃及記三章 7 ~ 8 節，上主說：

> 「我的百姓在埃及所受的困苦，我實在看見了；他們因受督工的轄制所發的哀聲，我也聽見了。我原知道他們的痛苦，我下來是要救他們脫離埃及人的手，領他們出了那地，到美好、寬闊、流奶與蜜之地。」

不錯，這是上主歷史性的顛覆行動，而這行動更成為以色列人對上主理解的基礎。這基礎不是以色列人的選擇，而是上主的選擇。上主要求他們不要忘記這段故事，不是因為要令他們知恩圖報，而是讓他們知道他們的上主是一位帶有憐憫和能力的主。這位上主也是我們的上主。

第二，我們的禱告反映著上主與我們的關係。這段關係不單關乎深與淺，而更是甚麼類型的關係。簡單來說，關係可分操縱式、合約式和團契式。[12]操縱關係就是看對方為一位客體（object），而不是主體（subject）。因此，關係的建立只在於單方的決定。因為另一方是一位被動者，只是被動地接受另一方對他的安排。合約式關係的特點是看對方可以被替換，而關係建立在彼此的利益上。愛與情並不是合約關係所擁抱。當對方的價值失去時，關係亦會消失。團契關係就是視對方為一個不能被取代的主體。彼此的利益不是這關係所側重的，而是尊重和愛。尊重就是看對方為一個獨立的個體，不試圖用任何方法去操縱他，反而尊重他的決定和選擇。愛就是不見利忘義，並願意為對方付出，看對方為不能被取代的他。

明顯地，團契關係是上主選擇與我們的關係。[13]祂沒有因以色列人毀約而合理地放棄祂對以色列人的承諾。事實上，祂往後的行動已超越了合約關係應有的關係。因為上主是以團契與我們建立關係呢！但關係的建立永遠是雙向的。那麼，我們是否願意以團契模式與上主建立彼此的關係呢？我們的禱告就是一個有關上主與我們關係的最好說明。團契關係不是不應有祈求的成份，而是我們的關係不只是單基於祈求。

第三，我們的禱告似乎意味著當我們窮途末路時，我們相信惟有上主的能力才可以改變現實不利的環境。

這樣就將禱告看為一種分工。我祈求，而上主工作。或我工作時，上主可以休息。但我們忘記了上主是要與我們一起同工。若我們接受「雙層行動」(double agency) 概念的話，我們可以說上主是世界最基本的因，而我們的行動是因這最基本的因引申出來的第二因。[14] 這樣，上主的行動就是藉著我們而行。從這角度來看，代禱就不只是為著有需要者向上主祈求，而更是他願意成為上主最基本的因引申出來的第二因。代禱就是與那超越上主的合作，祂內聚於人際關係中，並在其中工作。布杜斯（Bertocci）說：

「簡單來說，除非與我們合作，上主不會為每一個人做一切的事。事實上，當我們開始明白對我或對別人來說，事物箇中的價值時，這已是上主對我禱告的回應。再者，若沒有上主，我們亦不能看見事物中的價值。另一方面，若沒有人的關心和對事物的投入，上主不會得到那份祂兒女們與祂合作，並將其心意實踐的滿足。」[15]

這樣，一切禱告的行動都帶有與上主一同合作的動機和傾向。正如我們說「願祢的國降臨」，我們絕不能袖手旁觀。因為我們相繼的行動就代表著我們真誠的意願。同樣，禱告亦是一樣。沒有任何相繼行動的禱告，便是虛偽的。

禱告蒙應允

因上主是一個存有，祂對人類是絕對關心的，並會因著我們的祈求而有所回應，所以，我們相信禱告必蒙垂聽。這樣，問題的焦點便是：祈求是否蒙應允或答應。耶穌曾教導我們，說：

「你們中間誰有兒子求餅，反給他石頭呢？求魚，反給他蛇呢？你們雖然不好，尚且知道拿好東西給兒女，何況你們在天上的父，豈不更把好東西給求他的人麼？」（太七 9 ～ 11）

「你們奉我的名無論求甚麼，我必成就……」（約十四 13）

但在現實的生活裏，這兩節聖經的承諾並不常實現。究竟是誰出了問題？是耶穌說得太爽快了，還是有其他因素呢？

在教會教導裏，它依然相信耶穌的應許並沒有錯，問題只不過在祈求者。各式理據如下。第一，我們祈求不蒙應允，是因為我們妄求。不錯，縱使耶穌答允成就我們的祈求，但難道祂不附帶條件嗎？例如，我們絕對同意，上主不需要成就一個中六合彩的祈求。上主亦不需要答應為我找一個配偶。然而，祈求多活數年，而不是求長生不死，是妄求嗎？求多活數年是自私嗎？難道我們求活，為著我們的女兒是一件自私的事嗎？究竟我們如何為妄求定下一條底線呢？

第二，我們祈求得不著，是因我們禱告不足，不夠懇切。然而，有哪一個人能自稱自己的禱告是最懇切的呢？況且，祈求不是乞求。當然，聖經中曾描述有婦人（太十五 21～28）看自己如狗，但我們沒有需要把這故事標準化，成為我們要彷效的。因為在聖經中，亦有很多記載有人無需苦苦懇求，但卻蒙耶穌的醫治。事實上，若是要因乞求禱告才蒙應允的話，我相信我們很多人會選擇不求。不是因為我們不願意放下自我，而是放下自我卻不能沒有自尊。更重要的是，我們的主是我們的父，而不是沒有憐憫的暴君。

第三，我們祈求得不著，因為上主已經知道對你來說甚麼是最好。所以，上主不是不應允，只是祂的應允跟我們的期望不一樣。上主的路豈是人的路；上主的心意又豈是人的心意呢！然而，上主認為最好不一定等於我認為最好。但我們沒有需要以祂的好看為我的好。否則，祈求就是多餘的了。我只不過是祂的橡皮圖章，因為我永遠都要服在祂的旨意以下。

第四，我們祈求得不著，是因我們信心不足。坦白說，誰人能說他有移山的信心呢？然而，問題又不止於此。若我們的信心在上主成就祈求一事上扮演著決定性的因素時，祈求只不過是表揚我們的信心和能力。事實上，上主的偉大和奧祕，就在於我信心的不足，甚至在不信的情況下，祂依然成就我的祈求。

第五，我們祈求得不著，因為我們太著眼於自己本身，而忽略萬事都互相效力，叫愛上主的人得益處。對我來說，我的祈求得不著可能是件壞事，但放在整體上來看，這又不一定是件壞事。因為好與壞是關乎萬事萬物的搭配，而不是把事件獨立來看待。惟獨上主本身才有這樣的能力和智慧，去衡量各事的得與失。當然這是一個事實，但這並非必然要漠視一個個體的實存境況。問題不是整體還是個體重要，而是兩者並不能替換呢！

以上五個解釋都是嘗試維護上主沒有違反祂應允祈求的承諾，但在每一段中，我都懷疑每一個解釋的合理性。面對著這樣的一個現實，亞奎拿（Thomas Aquinas）只能歸咎於上主的旨意。就是上主永遠是一個不能言和不能完全明白的上主。一切的解釋亦不能說出上主的本身。一切的解釋可能都是試圖控制上主，而忘記我們是受造之物。

坦白說，我真的不明白為何上主答允某些人的祈求，卻不答允我們的祈求。事實上，我從來沒有懷疑某些人祈求蒙應允是上主的行動。否則的話，我們就不用相信上主會因著我們的祈求而有相繼的回應行動。祈求不蒙應允的經歷是否會令我不祈求呢？如前面所說，祈求是人內心一份宗教感的表達。所以，我沒有選擇不去祈求。不斷祈求不一定代表我有堅毅的信心，可能只代表我有需要禱告。再者，祈求就是肯定上主參與人類歷史。雖然在此刻祂沒有任何我所期盼的行動，但我相信祂是臨在的。祂沒有行動，但這不代表祂袖手旁觀。正如我在第一章所說：上主不是全然控制這世界，祂亦不能逃避這世界對祂的限制。然而，當那一天，若我能與上主相遇時，我必會問祂：「為甚麼……？」

此刻，我想起我曾為著生活的無奈寫下的一段文字。題目是從「為甚麼」到「如何」。[16]內文如下：

「如何」是一個有關對生活的考慮，而「為甚麼」是關乎意義的尋索。表面看來，它們兩者之間應有一個邏輯關係。例如，當我們能解答生活的為甚麼時，我們就似乎找到生活之道。因為當我知道為何而活時，我會隨即有方向思考如何活出這為何。生活的為甚麼就界定生活的如何。從知道為甚麼到思考如何生活就成為我們處世之道。

然而，為生活尋找為甚麼並不是想像中那麼容易。當然，為甚麼我要選擇移民和為甚麼我要選擇結婚等題目是相對地比較易回答，但生活又豈是這樣有邏輯和有規律呢？坦白說，現實的生活不但雜亂無章，更充滿偶遇和「無厘頭」。那麼，若我們強硬要從為甚麼開始，可能到最後我們只會失望而回，甚至浪費青春。因為這個世界是有沒有意義的成份。

但我們如何決定哪一件事是偶遇，而不需為它解答呢？當然，我不是上主，對人的遭遇也不能掌握。要有客觀的準則是沒有可能的。對某些人來說，早一步出門而可以趕上火車是有上主的美意。因為他可以避免下一班車因機械故障所帶來的時間遲延。（當然，這很多時是事後孔明。）但對某些人來說，這只是巧合和偶遇，並沒有甚麼背後的意義。運氣就是一切的解釋。究竟哪一個邏輯才是正確呢？我們可以說，前者的解釋按著他／她的邏輯（上主參與歷史）是合理的；後者的看法按著他／她的邏輯亦一樣。所以，對為甚麼的解釋總離不開個人的既定邏輯。

倘若我們接受生活是有偶遇，從知道為甚麼到思考如何生活的處世模式就不一定行得通。相反，我們要從如何生活出發。事實上，沒有解答為甚麼的生活依然可以活得很精采和有意義。因為生命不單是一個有待解答的問題，更是生活。再者，我們發現為甚麼不只是一個理性的尋索，更可以是一種生活的體驗。

這樣，如何就是回答「無厘頭」際遇一種有效生活方式。你同意嗎？

上主的回應

向上主祈求，我們總希望祂會有所回應。當然，我們最期望祂的回應是成就我們所禱告的事。然而，這又不能強求。因為上主是一個主體，我們絕不能用我們的方法控制祂。當然，亦因祂是一個主體，我們可以向祂表達我們的不憤。然而，在基督教圈子裏，我們或多或少曾聽見有人見證說，上主應允我的禱告，使我從癌病中痊癒。究竟我們如何決定這事的發生是上主應允他的禱告呢？或是純屬自然呢？另一方面，我們又聽見有見證這樣說，上主並沒有使我痊癒，但上主必有其美意在背後。究竟我們如何洞悉這美意呢？又究竟這兩種說法是否都有自圓其說之嫌呢？

事實上，我們都得承認，我們不可能從事件的結果得出某一個結論。我們對某一事物的理解是基於我們對它的詮釋，而詮釋卻在乎我們的信念。當我們說某一件事是上主的作為，肯定來說，這是從有信仰的角度對某事詮釋的結果。這樣，我們可以說，某事件的發生，不論如何合乎理性，都可以被解釋為上主的行動。同樣，某事件的發生，不論如何不能用理性解釋，都可以被看為一件自然的事。這似乎有「公說公有理，婆說婆有理」的邏輯。然而，今日我們所面對的問題比以上的例子更為複雜。就是在同一個所屬的羣體內，我們竟對同樣事件有著截然不同的解釋。我們的不同不但是關乎誰的解釋是正確，而可能更牽涉詮釋者的信仰是否正統。或許，你們會認為我的考慮過分以人為中心，而忘記上主自我的啟示：上主會向我們說明祂的原意，而不需我們測度。上主是一位啟示的上主，但啟示之可以發生卻假設聆聽者能明白所接收的啟示。這樣，啟示永遠是上主邁向人和人邁向上主的雙向過程。那麼，我們如何可以肯定聆聽者只有一種詮釋方法呢？這樣說沒有否定啟示或事件本身的重要性，只是我們不能漠視聆聽者的參與。[17]這正是為何聖經記著：「耶穌因為他們不信，就在那裏不多行異能了。」（太十三58）

強調詮釋的重要性時，相對主義就似乎是無可避免的結果。例如，維根斯坦曾以一隻像鴨又像兔的圖畫來說明。有人認為它是鴨，有人認為它是兔。是鴨還是兔就在於不同的解釋。[18]沒有一個人能看自己的解釋為絕對的。事實上，我們不能逃避維根斯坦所提出的問題。再者，我們是真實地運用我們已有的信念去解釋周遭的事物。但這樣的一個事實不等於我們可各持己見。因為經驗除了關乎我如何自選對事物的解釋外，還牽涉我想知道這解釋是否正確。縱使我們未必能有客觀的準則，但我們並不因此要放棄尋求一個最接近真理的解釋。這份追求就是否定一切將相對主義合理化的企圖。

若我們說禱告是離不開信徒從信仰的角度對某些事件的解釋的話，認識上主的行動就關乎我們如何「看」事物的發生。「看」本身不是一種第六靈感，而是需要訓練和培育。再者，「看」不是一個主觀的強調，而是從某一個角度對事物的解釋。當然，這角度不是關乎一個客觀多角度對事物的分析，而是更忠於信仰的角度。例如，上主賜雨給義人與不義的人，但對那曾祈求的義人來說，這確實是上主的恩賜。對那不義的人來說，他永不會說聲多謝。他只會認為這是一個很普遍的自然現象，沒有甚麼可感謝。誰是誰非？對一個有信仰的人來說，看雨水是上主的恩賜是一個正確的詮釋。因為這是合乎他的信仰系統。這樣，禱告就是一個詮釋的訓練。就是以信仰為生活「make sense」。

對患病的詮釋

若祈禱是關乎如何「看」事物的話，我又如何從禱告中看我患病的內子呢？我曾寫下這一段文字：

「當內子被證實患上末期癌症時，醫生很坦白地對我們說，他可以做的，只是減輕癌症給她帶來的身體的痛楚，他並沒有任何根治的方法。面對一個這樣無奈的現實時，心靈一點也不好受。有基督徒醫生對我們說：『這有上主的旨意。』我回答說：『對不起，我不能接受你的解釋。』不能接受是因為我不相信我的上主喜歡玩弄人的感受；不能接受是因為我們將一切責任推卸在上主身上。」[19]

有信徒安慰我們說：「要對上主有信心，因為祂必會醫好你。」不錯，曾有不少患絕症的人蒙上主所醫治，但不要忘記，亦有很多愛主的信徒得不到醫治。是他們信心不足嗎？或許，把信心與醫治拉上關係是一個誤解，是一廂情願。信心（faith）不是我對上主的祈求滿有信心（confidence），而是在最不安穩的處境下，我學習肯定上主對我的愛沒有減少。

面對內子病情的惡化，有信徒很關懷我們說：「雖然身體一天比一天差，但內心卻一天新似一天。不要過分著意身軀，因為它總要過去。相反，當留意心靈的培育。」他們提醒我們生命不只是身體，更有心靈。這並沒有錯，但難道我們就可以輕視這可朽壞的身體嗎？身體絕對不是一個承載靈魂的外殼。否則，我們對聖子的道成肉身就完全誤解了。身體是要愛惜和關顧，因為我的身體就是我。我絕不能因身體活動不如前而蔑視它。我的生命就是我的身體。將兩者分割或看誰比誰重要都是扭曲生命。

有一位牧師為我們祈禱說：「上主呀！求祢打敗魔鬼在祢使女身上的工作。讓她可以在魔鬼給捆綁下釋放出來。」跟著，這位牧師對我說：「我看見撒但的權勢已慢慢退下。」對於這種屬靈的體會，我很不舒服。不是因為我不相信魔鬼，而是因為這「靈化」的做法只會帶來更大的迷信。再者，這會加深病患者的罪疚。尤其是當她的病情不斷反反覆覆。

面對著生命的唏噓，我要承認沒有一個答案能紓緩我們深層的疑惑和無奈。因為生命本是經歷，而不是解答。當我們嘗試以經驗來經歷生命時，我們可能會多了一點感受、體會和毅力。當我們閱讀詩篇時，我們正閱讀自己的生命。其中有一段是這樣的：「在我敵人面前，你為我擺設筵席。」（詩二十三5）對我們來說，敵人就是死亡的威脅、痛苦的折磨和失去獨立生活的能力，但上主卻已為我們擺設筵席，慶祝我們的勝利。死亡和痛苦可以煎熬我們，但它們不能把我們的生命全然取去，因為永生來自上主。當痛苦和死亡以為將我們全然打敗時，它們看不見上主已為我們慶祝。因為我們才是真正的勝利者。上主為我們所擺設的筵席，敵人是我們的座上客。他們被邀請，是要被羞辱。你們始終都拿我們沒辦法。生命被你們侵蝕，但上主卻賜我們新生。雖然內子真的病了，但我們誠意邀請你出席上主為我們擺設的筵席，一同向上主舉杯，向我們的敵人宣示，我們已經勝利了。因為上主在我們這裏。

不住的代求

對一個患病者來說，祈求真的是想得蒙應允。如前面所說，我們沒有需要將這份祈求的心態加以任何的否定和掩飾。對一個代禱者來說，代求又何嘗不是期盼所求的事能實現嗎？然而，在這一切祈求與代求中，我發現禱告中一個重要的元素，就是一份同在感。當我回憶牧會的生涯時，有會友在不同的時段要求我為他們代禱。我自問，究竟是甚麼因由導致他們要求我為他們代禱呢？可能我是他們的牧者，以致他們相信我的禱告會較有力吧！是真還是假？我不知道，但我深深體會在代禱中，我們的關係拉近了。因為在代求中，我發現我與他站在同一陣線，感受著他的心情，與他一起向上主懇求。這是心理作用嗎？可能是，但不能抹殺的一個事實是：上主的靈將我們結連在一起。

因著上主的靈，代求使我與被記念者成為一體。當然，我不會完全明白和體會被記念者的痛苦，亦因著時間與空間，我沒有可能甚麼時刻都可以與他在一起，但代禱就使我們可以突破身體與時空的限制，讓我們可以在對方中臨在。不但如此，代禱就是我們不能言的言語。事實上，代禱不是在乎內容和說話，而是在於感受和心靈。當我們知道我們的需要被記念時，我們就不會覺得孤獨。縱使沒有一個人可代替我的苦，但我卻不是一個人獨力去承受生命的苦。因為在某程度來說，苦被分擔了。所謂的結連就是一份憐憫。是因我們的憐憫驅使我們為別人的代求，亦是因為別人的代求，我的憐憫被甦醒過來。當我們為著一位病者懇切祈求時，我們不但期望能影響上主的旨意，更是邀請被記念的人進入我的內心。代禱就是將代禱者成為我們一部分。為人代禱就是讓被記念的人的苦與痛、混亂與恐懼、眼淚與失望成為我生命的苦與痛、混亂與恐懼、眼淚與失望。代禱就是讓我成為被記念者本身。

再者，代禱更是一個說出來的行動。苦難的苦不但是因為它本身是苦，更是因為我們找不到任何說話將它描述出來。苦難的痛不但是因為它本身是痛，更是因為我們不願意面對它。然而，禱告和代禱就是嘗試將那不知道如何描述的苦和痛描述出來。當然，禱告中的描述不在於說話，而在於靈。當我們這樣做時，我們會變得有勇氣去對抗生活中的苦與痛，而不讓它們無止境地折磨我。說出我的感受、說出我的不滿、說出我的擔心就成為我們活著的動力。苦難的可怕正是因它奪去我們說話的詞彙，以致我們只有默默地忍受生活中所不能承受的苦，並將我們孤立。代禱就是幫助受苦者衝破苦難對他的控制，而說出受苦者的感受。因禱告不在於言語，以致禱告就成為受苦者一個可靠的出路。禱告讓我們揭開苦難的面具，不讓它對我們帶來任何莫明的威嚇。

禱告是一個媒介，讓我們可以跨越時空的限制，使我們走在一起。禱告是一個力量，因為它為我們提供一個非言語的世界來挑戰苦難。然而，禱告總不能離開它的對象，就是上主。我們的禱告不是人與人的另一種溝通模式，而是我們與上主的溝通。我祈求，是因我相信上主是臨在的；我祈禱，是因上主會聆聽我的說話；我代求，是因上主是有感受和憐憫的。是這一切的信念使我們在最黑暗的人生路上仍然堅持祈禱。

註

1 民間宗教的神人關係主要特色之一，就是「靈驗」。「靈驗」所關心的，就是人所發的祈求是否蒙應允。這正是為何敬拜者會選擇地拜那認為「靈驗」的神，而不「靈驗」者就會少被供奉。

2 D. Z. Phillips, *The Concept of Prayer*（Routledge, 1965）.

3 同上，頁 121。

4 可參考《頌主聖詩》（道聲，1994），第 432〈願主旨意成就〉，第 433〈我願走主之路〉，第 434〈順服〉，第 435〈求主引領我的道路〉。

5 當然這說法有以偏概全之嫌。縱使聖法蘭西斯的禱文〈使我作祢和平之子〉是為別人而出的禱告，但它亦是一個祈求。

6 Julia Mitchell Corbett ed., *Through a Glass Darkly*（Abingdon, 1989）, pp.30~41.

7 Sigmund Freud, *The Future of an Illusion*（Anchor, 1964）, p.82.

8 明顯例子，就是啟蒙時期所呈現的神學。它將一切有關上主的論述都要受理性審查。最後，上主只不過是人類理性的產物。

9 整體來說，巴特的神學強調上主啟示的重要，而啟示的高峯是耶穌基督。祂就是一切對上主描述和認識的標準和途徑。人類一切對上主的描述應受審於基督論。「讓上主成為上主」就是要求我們對上主啟示的尊重，並承認人本身的限制和自義。

10 可參考張志剛：《走向神聖》（人民，1995），頁 93～135。

11 I.Kant, *Religion Within the Limits of Reason Alone*（New York, 1960）, pp.181f.

12 龔立人：《人際社會的建立》（香港基督徒學會，1999），頁 27～40。

13 同上，頁 41～60。

14 當然，亞奎拿的看法不是沒有難處的。若上主是一切最基本的因，難道上主也是惡的源頭嗎？因此，亞奎拿就提出惡是對善的缺乏，而不是一個實體。有關這方面的討論，可參閱第一章。

15 P. A. Bertocci, *Introduction to Philosophy of Religion*（Englewood Cliffs, 1951）, p.493.

16 此文載於《時代論壇》，二〇〇〇年一月二十三日版。

17 有趣的是，強調聖經無誤（指記載與含意）的人以為這是維護上主啟示最佳的方法。其實，反過來，他們只是高舉人的能力。因為啟示不能不牽涉接受者的情感和意願的投入。

18 L.Wittgenstein, *Philosophical Investigation*（Oxford, 1958）, p.194.

19 龔立人：〈向上主舉杯〉《公教報》，（1999年1月22日）。

第四章

「我們很懷念你」：論復活

我曾經說過，死亡的可怕，不是因為我們不知道死後會是怎樣，而是因為死亡代表著現存一切關係的斷絕。當然，對某些選擇自殺的人來說，一切關係的斷絕是他們的目的。然而，究竟是他們嚮往人類一切關係的斷絕？還是他們只針對某一種關係呢？人類的關係是有喜亦有悲。然而，對我們一家人來說，我們的關係是喜多於悲。不是因為我們不需為生活終日籌算，而是因為我們從來沒有抱怨我們四個人走在一起。我們相信我們可以生活在一起全是恩典，所以，我們從沒有抱怨為何癌症偏偏選中我們，反而，我們起初已一起面對和對抗這不速之客。然而，死亡始終都來了，甚至比我們想像中來得快和早。

對我們相信耶穌的人來說，死亡確是中斷我們的關係，但卻不是終極。因為我們相信復活。復活不單是關乎一個個體的命運，更牽涉已中斷的關係可以再次連接起來。所以，復活不但是對臨終者的安慰，更是對生存者一份不可缺的盼望。復活之可以成為我們的盼望，因為它可以使回憶重現。但我們如何理解回憶呢？以下，我先討論回憶的本質和意義；跟著，我會探討聖餐的意義作為我對回憶的神學反省；最後，我會討論因回憶所勾起對普救論的看法。

回憶使我們相遇

復活吸引的地方，不單是因為它為個體帶來盼望，更是因為對復活者來說，她可以重拾已斷絕的關係。這樣，基本上，復活就有一個人際關係的向度。換句話說，復活是始於個體，但卻是邁向羣體。若復活是關乎人際關係，那麼，人際關係之可以建立就在於雙方的回憶。生活需要回憶，以致生活是活在歷史中。關係需要回憶，以致我們對彼此的認識有一份感覺，不是陌路人。（縱使我們可以選擇以陌路人的態度來相處，但陌路人是因選擇的結果，而並非本身是陌路人。）沒有回憶的復活雖然可以說是一個生命，但卻不再是我的生命。因為我不是只基於生存，而更在於回憶。沒有延續今日的我之復活的我並不是我，而只是一個他者。

回憶可以為人帶來悲痛，但亦可以帶來感謝。不論悲痛或感謝，回憶本身就肯定了時間的重要性。或許，我們對該事在何時何地發生都混亂了，甚至忘記了，但事件的發生總不能沒有先與後。這樣，回憶就為我們帶來時間感，讓我們意識本身活在歷史時空中。我們是真實地生活，而不是虛幻。然而，因回憶只可描述過去，所以，回憶的事沒有重複的可能。這樣，我們就不可以只活在回憶中，因為我們是此時此地的人，而不是那時那地的人。我們可以帶著一切的回憶走人生的路，但不能帶著人生走回憶的路。

另一方面，當我說這是我的回憶時，我並不能完全佔有它。因為在同一時間，其他人亦有可能對此事有他的回憶。當然，我們的描述並不會完全一樣，以致我們有需要彼此分享當中的體會。這分享可以是一個為決定真偽而有的分享（例如，在法庭裏見證人的回憶），但亦可以是一個內心對談的分享。後者的回憶就成為一切關係的基礎。回憶使我們知道我們不是陌路人，而是同路人。這說法沒有否定雙方不會藉著彼此對回憶的不同而反目成仇。但這又何妨呢？因為回憶已經使我們相遇了。它沒有必然要為我們建立更深的友誼。無論是敵意還是善意，人與人的溝通就是想辦法幫助對方記起回憶的事，以致我們能投入彼此的世界裏。

但我總不能忽略一個事實，回憶可以是虛構和不真實的。我們豈不曾聽過，有精神病患者只活在自己編造的故事裏嗎？對當事人來說，他的回憶比我們的回憶更真實。我們才是活在虛幻中。這樣，回憶就不可能純粹是個人的事。它應該有一個共同的基礎。共同的基礎不是支持少數服從多數的邏輯，因為多數人認同的回憶依然可以是虛構的。共同基礎是指沒有一個個人的回憶是絕對的。縱使他可以不接受別人對他回憶的看法，但因回憶是相遇，他就不可能不溝通，不參考別人對此事的回憶，並讓別人的回憶與他相遇。

說到這裏，我開始體會對復活的憧憬跟我們已有的回憶是分不開的。當然，我們知道復活後的生命不會像今日的生命一樣，亦不會是某一段歷史回憶的重現。但對復活的盼望卻使我們珍惜我們的回憶。坦白說，我依然以我曾最珍惜的片段來渴望著復活那天我與內子相遇的情況。事實上，我對內子的回憶仍然停留在她年青時（或患病時）的樣貌。從某程度來說，她依舊是這般的美和活潑。但隨著年月的消逝，我卻會變得蒼老。到最後，我就是一個老人（甚至可能患上癡呆症），但內子對我的回憶卻仍停留在年青的時候。在復活那一刻，當我們相遇時，她或許已認不出我了。然而，雖然我們往日共同的回憶相對地比較短暫，但卻足以令我們不會感覺陌生。因為我們所分享的回憶使我們發現，我們彼此相像多於陌生。

如我所說，若復活的意義在於回憶，我們又如何保證死者的回憶還存在呢？又當我試圖肯定回憶的重要性時，這又會否使人失去一份超越感，而被他回憶中所牽連的歷史限制呢？坦白說，對於這一切的問題，我沒有答案。回憶是福是禍，我不知道。但我知道，沒有回憶的復活是不值得盼望的。不是因為我的回憶充滿歡笑和樂趣，而是因為沒有回憶就沒有我。

回憶與詮釋

回憶並不是歷史的重述，因為回憶是帶有個人的選擇。我們對回憶的選擇又關乎我們對事件的詮釋和比重。當然，我沒有否定回憶事件中有客觀性的可能，但若我們將回憶等同於歷史或事實的話，我們就誤解了回憶。

若回憶跟個人詮釋和比重是分不開的話，我們就不得不承認為何有些時候，縱使我們都在一起，但我們當中竟然有人對該事件完全沒有印象，又為何有人對該事件的發生有不同的敍述。事實上，對事件的敍述方式不單是對已過去的事件一個解釋的行動，更重要的是，這個行動影響著我們今日的行事為人。因為我們是帶著回憶走人生的路。然而，我們又如何對事物有恰當的論述，以致回憶對我的生活起著一份積極和健康的意義，而不是一個重擔呢？在未討論時，這問題是否已假設事物本身並沒有自身的價值?因為以上的問題似乎意味著事物本身並沒有客觀性,而只在於我們對該事物如何解釋。解釋才是事物的真相,而不是事件。但解釋本身又沒有客觀的準則,那麼我們的活動跟真理便沒有關係,而只是尋找一個迎合自己心意的解釋。準則不在乎這解釋是真是偽,而是對我有用就可以了。[1]

以上的問題不一定會導致相對主義,因為縱使我們承認我們的解釋是離不開我們個體的偏見時,這並不代表真理就不存在。真理的存在不在於我們是否可以尋找到它,而在於它本身的存在。當然,這樣的說法似乎有點不理性。因為我將真理抽象了,但我們不要忘記客觀並不等於真理。同樣,詮釋亦不能否定真理的存在。這樣,當我們肯定詮釋普遍存在時,我們便沒有需要接受相對主義的必然性。因為這兩者沒有必然的邏輯。那麼,我們可以這樣說,詮釋肯定不等於真理,但一切試圖詮釋的都是期望著更接近真理。因此,詮釋與詮釋之間是應該存在討論、批判和取捨。當任何一個詮釋以相對主義來合理化自己的詮釋時,他已經將自己的詮釋看成絕對。事實上,他所堅持的是個人主義;另一方面,他已經看相對主義為絕對真理。換句話說,他就是打著相對主義的旗號來反對相對主義。

不錯，我們沒有可能經過沒有詮釋的事。然而，當我們一面倒的討論如何能得出最正確的詮釋時，我們似乎忘記了，我們不但從自己的角度去接觸事物，更是以事物本身接觸著我們。原來，我們與外在事物的關係是彼此影響的。我的詮釋是受著外在事物的影響。故此，我的詮釋就不是一個純個人主觀的選擇。再者，我的詮釋方式之改變，是因我外在的環境改變了或我被不同事物所接觸，以致我對事物的看法變得跟以前不一樣。

內子的離世是一個事實，這絕不是一個詮釋的結果。詮釋只關乎處理該事對我的意義和價值，而不能改造該事件的本身。事實上，詮釋並不是想像中那樣自主和自由，而是事件的出現逼使我去理解這事對我的意義和價值。當然，我似乎有自由去詮釋，但從某程度來說，事件本身卻影響著我如何選擇詮釋該事與否。作為基督徒，相信耶穌已從死裏復活，並成為一切死了的人初熟的果子時，復活就是我的詮釋背後的信念和價值。從某程度來說，以復活作為詮釋可以被理解為一廂情願。因為對那些沒有分享基督教信仰的人士來說，這是你們基督徒的偏見。當然，我相信復活不等於別的信念是錯誤的，但這又不等於我們各有各說，各取所需。反而我們應說明各自的詮釋，以致我們可以從中比較和選擇較合理的理解。[2]

復活釋放回憶

若我們同意，沒有回憶的人是不能建立人際關係的，但回憶又不一定可以令人健康地生活。因為回憶可以令人失去對做人的意志，而陷於自憐中。例如，對死者的回憶是在世的人不可能避免的一個過程。尤其是當生者與死者的關係是曾經非常親密時，回憶所帶來的傷痛便不是短暫，而是一生之久。在某程度來說，時間可以淡化那份傷痛，但不能磨滅留下的傷痕。尤其是當生者重遊某處或重溫某段情景時，這一切都會令生者產生一份傷痛的回憶。當這份傷痛沒有一點出路時，失望、自憐、甚至自殺都有可能發生。因為他看不見自己的傷痕有痊癒的可能。然而，復活的盼望就是打破人世間一切的無奈和無助，以致在最悲哀的時刻我依然可以看見出路，我的傷痕依然是有痊癒的機會。若死亡將我們的關係隔絕，復活的盼望卻肯定這不會是我們的終極。因此，在回憶時，我會有眼淚，但亦有盼望。盼望不會將眼淚抹乾，但淚水中卻流著希望。因為死亡不是永別，我們還可以重逢呢！沒有盼望的回憶只會將我們捆綁和帶來終極的惋惜。惟有我們可以重逢，回憶才有出路。

另一方面，若回憶是從關係而來，愈深的關係便會帶來愈刻骨銘心的回憶。這樣，回憶就不能避免地為生者和死者帶來一點內疚。試問有哪一個人覺得自己是完美，又有哪一個人會看自己是完全呢？事實上，生命始終帶有遺憾，不論是對生者來說，還是對死者本身。若我們可以再活一次的話，我相信我們的選擇會跟我們已過的生活不一樣。例如，我會選擇留多些時間與內子一起，而內子也會選擇提早就醫。因為我們總覺得可以做得比上一次好一點、多一點。然而，死卻是生命的終結，而我們對已發生的事並不能作任何的補救。它只可以留在回憶中。遺憾就似乎是我們惟一的感受。所以，回憶需要寬恕。就是不為過去所做的一切自怨自艾，而接受自己就是這樣的一個人。寬恕的重要就是使我們不被內疚所指控；它使一個自我怪責的生命得著釋放。然而，若我們說我所得罪的對象是死者，我們又如何從她那裏獲取寬恕呢？在此，我認為復活的盼望在這方面有很重要的角色。當然，復活不是意味著我們可以再來一次，以致在人世間不能補償的事可以到復活那時才作出補償，而是復活的生命是上主的恩典，是祂的賜予，不是我所當得的。一方面，這要指出復活的生命是一個蒙恩的生命，一個被寬恕的生命。復活不是人死後必然的結果，而是因為上主赦免了我們，以致我們可以享受永生。沒有上主的赦免，復活並沒有甚麼值得慶祝。因為我們仍是與上主隔離。這樣，復活就是上主對我們的寬恕，而在當中我們感受到被寬恕，以致我們可以去寬恕和接受別人對我的寬恕。另一方面，人與人的關係皆不盡完美。雖然我們帶著遺憾離世，但復活卻要使一切的遺憾得著滿足。這滿足不僅是因為可以與相愛的人重聚，更包括人生每一個層面。

以上的說法沒有任何企圖要美化復活的生命，以致鼓勵我們看重死不看重生，而是復活就是生的表達。對生不愛惜，復活的生又有何可戀呢？沒有對生的認真，復活的生並不會帶來興奮，而可能只是一種侮辱。

聖餐：對耶穌基督的回憶

當我們提起回憶對生命的重要時，我們就想起基督教信仰對聖餐有關的教導。

耶穌拿起餅來，祝福，就擘開，遞給門徒，說：「你們拿著吃。這是我的身體」；又拿起杯來，祝

謝了，遞給他們，說：「你們都喝這個；因為這是我立約的血，為多人流出來，使罪得赦。」（太二十六 26～28）

「這是我的身體，為你們捨的，你們應當如此行，為的是記念我。」飯後，也照樣拿起杯來，說：「這杯是我用我的血所立的新約，你們每逢喝的時候，要如此行，為的是記念我。」（林前十一 24～25）

聖餐是基督徒的實踐之一，目的是要記念耶穌基督所成就的一切。用另一句話說，聖餐就是要回憶，回憶耶穌所行的一切。若領受聖餐者不能回憶耶穌基督在世的拯救，他就是褻瀆聖餐。然而，我們又如何理解聖餐呢？

聖餐是一個紀念的行動。所謂紀念，就是我們不能夠回到耶穌設立聖餐的那一刻。我們只有憑著我們的回憶去重溫這事，而這回憶又往往藉著可見之物來表達。這樣，聖餐本身就有一個象徵意義。（這是改革宗和浸信宗的看法）此外，耶穌要求我們守聖餐，不是因為祂不想被遺忘，而是因為這關乎我們的身分。一方面，在聖餐中，我不但知道我是一個罪人，更感受到被上主赦免的恩典。另一方面，在聖餐中，我不但知道我的身分，更知道與上主應有的關係。祂就是那位為我捨生的主。

然而，聖餐不應只停留在一個紀念的層次，更是一個實踐的紀念。在傳統教會的教導中，我們對聖餐的理解往往只停留在對耶穌設立聖餐一事的默想，而忽略聖餐一個更闊的象徵意義。就是對耶穌基督在世生命的一個象徵。[3]當我們忽略聖餐是對耶穌使命的反省與回應時，我們就只停留在對耶穌某一段歷史時空的感性追憶。不但如此，我們亦將耶穌的歷史與祂救贖的關係切割開來。最後，聖餐就成為一個與現實生活世界無關的個人感性世界。耶穌要求我們要如此行，目的不是單單作出聖餐中有關拿起餅和舉起杯的行動，而是遵行聖餐背後的象徵。就是耶穌基督在世的使命（路加福音四章 18 ～ 21 節）。沒有這樣相對的行動，回憶都只不過是一種個人感受。例如，當我們記念耶穌的誕生，卻沒有從這回憶帶出相關的行動時，記念耶穌的誕生就失去其意義了。因此，聖餐不單是回憶，更會因回憶而帶來行動。

聖餐中的回憶與一般的回憶最大的分別，莫過於它不只是一個紀念，更是一個相遇。從天主教的傳統來說，他們以變質說來理解聖餐中的餅和酒。對他們來說，這餅和酒真的是耶穌基督的身體和血。這樣，對他們來說，領受聖餐就不只是一個紀念的活動，更是與耶穌基督相遇的時刻。至於基督教的理解基本上並不贊同天主教的立場。因為若聖餐中的餅和酒變為耶穌基督的身體和血，我們就將恩典變為物質。但加爾文卻在當時提出另一個極端，就是只看聖餐中的象徵意義，忽略了它的實體意義。奧連這樣解釋信義宗神學的看法：

「基督教信仰看聖禮是一個象徵，但同時也是上主的動作。若有人問：聖禮究竟是象徵，還是上主或基督實在的舉動呢？這個問題完全不能成立。因這不是或此或彼的問題，乃是一個是此也是彼的問題。我們不能捨此而求彼。保留象徵的觀念而捨去實體的觀念，是取消聖禮庶恩具的意思。保留實體而捨去象徵則把上主的臨在物質化了。」[4]

就個人來說，我較接受信義宗對聖餐的解釋。聖餐不僅是對往事的回憶，更是從中與上主相遇。這相遇的重要就是使我們的關係不停留在歷史某一時刻，而是一個不斷更新的經驗。因為上主活著，活著的耶穌基督不只坐在天父的右邊，更臨在聖餐中，以致我們每一次參與聖餐，我們與耶穌基督的關係都更新了。因此我們的相遇是活的和雙向的。

因此，一個紀念的活動就成為一個生命更新的機會。這機會不是發自我們內心的能力，也不是藉著回憶而來，而是從與上主相遇而發生。因為在每一次聖餐中，祂的生命亦臨在我生命當中。或許，我們對這個說法有點難理解。一來，這是否意味著不領聖餐者就不能接受上主的恩典？二來，這是否將聖餐過分神祕化？問題的基本不一定是一個即此或彼，我們可以接受上主有其他方法臨在和施恩，但沒有因此需要否定聖餐中上主的臨在。此外，問題不是我是否將聖餐神祕化，而是我們會否正像約翰福音第六章，當耶穌論述有關祂的身體可以吃和祂的血可以飲時，其中有人對耶穌的話覺得甚難接受而離開祂呢？領受聖餐不只是一個象徵行動，也沒有任何不合乎信仰，反而這更能解釋回憶的豐富意義。以下，我嘗試用以上對聖餐的理解來反省我們對回憶的理解。

回憶令人沮喪，但不等於我們就不需要回憶。因為在回憶中，我們對自己認識深了。我是一個歷史的我，而歷史的我就不可能沒有過去。過去就只可以從回憶中才找回來。這樣，回憶就為一個我找回他的歷史和身分。當然，這並不代表著我往日的歷史一定是愉快和開心的。但縱使是悲哀的，這仍是我生命的一部分。然而，回憶並不只停留在一個懷念的過程，而是可以化為一個有行動的紀念。所謂行動的紀念就是不讓一切的追憶只留在思想世界中，最後使當事人不能從回憶中釋放出來，而脫離現實生活。紀念的行動就是帶著這些回憶走人生的路，就是不忘對追憶的人之關係。這正是為何耶穌基督不只要求我們記念祂，更要我們學祂如此行。行就是對今日生活的肯定和不否定；行就是不停留在往日歷史和感情的世界中。然而，在人類的經驗中，對死者的回憶並不存在於今生與她相遇的可能。負面來說，這是一個悲劇。正如我曾說，死亡的可怕就是因為它正斷絕人類一切的關係。但從另一個層面來說，正因這關係已無法像與耶穌的關係一樣，所以，在生的人就要為自己建立新的關係。當然，這樣的說法不是要我們忘記或淡化已逝去的關係。因為這段回憶是真實的，亦是我歷史的一部分，永遠不能被抹去。但因我們不是上主，所以，我們沒有辦法像與主耶穌一樣，可以藉著回憶與死者過著活的相遇。所以，當我們承認自己只不過是人時，我們就沒有需要對回憶存有不恰當的期望。例如，有人可能藉著交靈方法，為要與已死的人接觸。但若我們說，聖餐是讓我們先嘗與主相遇，祂也是已死的人初熟的果子的話，我們就肯定總有一天必要與已離世的人相遇。再者，聖餐更是我們更新的泉源。在聖餐中，我不但經歷上主的赦免，而且我被上主的恩典臨在，以致我可以有力量和盼望走人生的路。雖然內子不可再與我一起，我也要一個人獨力承擔照顧孩子的責任，但耶穌基督的恩典藉著聖餐卻臨到我們當中。路雖然是難走，但仍是可以捱下去。因為聖餐中的回憶使我對內子的回憶不致絕望，反而更肯定我們會重聚。

一個難題

以上的討論有一個假設：就是回憶者和回憶的對象的再遇是建基於他們彼此與上主的關係。意思是，是因他們與上主復和，並承受救恩，以致他們不但可以復活，更可以高興地重聚。然而，以上的邏輯卻不一定適用於那些只有一方才是基督徒的人身上。例如，若已離世的一方不是基督徒，又按著基督教信仰傳統的教導，他便不能承受永生，那麼，對在生的人來說，回憶確實是一個悲劇。因為死真是一個永恆的離別。在這裏，我們就不能避免要探討救贖的問題。此外，這更牽涉從這討論引申出的一個牧養的關注。

傳統來說，教會的教導是惟有那些相信耶穌基督的人才能承受救贖。[5]因此，信徒要努力地宣揚福音，以致有更多的人能分享在主耶穌裏的救贖。事實上，福音派與普世派對社會關懷和政治參與的分歧亦是因對救贖有不同的著重點所致。當我們強調藉著信心才能承受救贖時，我們又如何回答以下的問題呢？

聖經很清楚表達上主愛世人，並願萬人得救。若有人因信心的緣故而不能承受救贖，這不是上主的遺憾嗎？難道上主這樣忍心地看見那些永恆沉淪的人嗎？羅拔氏（John A. T. Robinson）說：

「我們是否可想像上主的愛是如此的大，以致沒有一個人能拒絕將自己自由和感恩地獻上。上主的愛是不斷工作直至一切復和。」[6]

「愛能克服一切。在這充滿宇宙的愛裏，絕對沒有一個天堂可容許地獄。」[7]

愛是否真的不容許有審判，有刑罰嗎？或許，問題的根本就是，我們是否真的沒有可能拒絕上主的拯救呢？這個問題不但關乎能力的考慮，更牽涉我們應如何理解上主與人類的關係。意思是，若上主與人類的關係是一個聖約的關係，他們雙方都是自由地進入這關係。惟有他們可以自由進出，這關係才是因自由而建立，而不是被強逼了。關係的寶貴就在於此。在歷史中，上主更顯出祂不會因人類背棄這約而不遵守祂的承諾，但祂的承諾和愛又不會強逼別人回應祂。因為上主與人類都是自由的行動者。這樣，人類的永死就不是上主的懲罰，而是人類選擇與上主分離的結果。

然而，以上的回應不一定能夠回答羅拔氏的論點。因為當我們單方面高舉上主與人類的自由關係時，我們似乎忽略了人的有限。事實上，我們進入與上主的關係仍靠著上主的恩典。這正是為何我們說，是上主在基督裏向我彰顯祂的愛，並藉聖靈的開啟和感動，使我可以去回應祂。如保羅說，「原來基督的愛激勵我們……」（林後五 14）這樣，上主的愛真的是有這樣的震撼力去改變人心。希克（John Hick）進一步解釋說，每一個人都是自由地選擇他是否願意與上主復和，但上主造我們時卻將我們存有的核心指向祂，以致直至我們在上主裏，我們才有安息。因著上主的恩典和不息的愛，所有人類最終會因著他心靈的需要而尋求上主。[8] 因著上主的永恆的愛和堅持，祂會等候人類的回轉，甚至到一個連我們也不敢相信的時間為止。

從生者對死者回憶的角度來說，以上所說的很是吸引。因為不論相信和接受上主與否，生者與死者終有一天會重聚。然而，以上的解釋是否過分一廂情願呢？當然，我們沒有需要不斷堅持上主的審判。事實上，上主的審判也是渴望著每一個人都能與祂復和。但祂不會以有罪為無罪。否則，祂就是一位不義的主了。這樣，我們不能為了安慰傷心的人而欺騙他說，你必會與死者重聚。那麼，我們又如何牧養落在這處境的人呢？

另一個可能，就是從基督論入手。傳統來說，我們是惟有藉著耶穌基督所成就的救贖而得救，但對那些還沒有機會聽福音但離世的人又如何呢？再者，縱使聽過福音的人不一定代表他們明白福音，因為他們不願意接受福音可能是個人的選擇，亦可能是我們傳道者的責任。例如，我們的生活見證與福音相違背。那麼我們如何理解惟有藉著耶穌基督而得蒙救贖呢？

第一種的可能就是「宇宙性基督」(Cosmic Christ) 的概念。宇宙基督論所強調的，就是聖子的工作是在未成肉身時已展開。不錯，聖子的最高彰顯是在道成肉身一事上，但這並不是聖子惟一的彰顯。事實上，早期教父如尤斯丁（Justin the Martyr），愛任紐亦持著這種看法。愛任紐說：

「耶穌基督的救贖不只給那些在耶穌時代相信祂的人，天父的護理也不只給現在還活著的人。反而是給所有的人，就是那些從開始就按著他們的能力，在他們的時代中敬畏和愛上主，向其鄰舍行公義和憐憫，並熱切地渴求看見基督和聽祂聲音的人。當基督再來時，祂必在上主國裏給他們一個位置。」[9]

從近代來說，約翰．衛斯理（John Wesley）和魯益師（C. S. Lewis）都分享了這種看法。[10] 究竟誰人能決定哪些人符合以上的描述呢？當然，這絕對不是我們可以做的。因為審判和憐憫都在上主。我們只有憑著信心來回應。

第二個可能就是巴特（Karl Barth）對耶穌基督為上主所揀選的看法。[11] 巴特認為耶穌基督是那揀選的上主和那蒙揀選的人。這兩個重複的概念有四層的意義。第一，上主選擇成為人類的朋友和同伴。這是上主自由和自主的選擇，代表著上主對人類的投入。第二，上主決定將基督交付出來，為要使人類得蒙拯救。聖子的道成肉身，受死和復活都是表達出上主對人類的愛。在拯救人類一事上，亦表達出上主自我揀選成為拯救人類的救贖者。第三，上主的揀選承受因救贖所帶來的痛苦和代價。是上主揀選接受人類的悲哀，是祂選擇一條被侮辱的道路。第四，上主揀選我們將我們的罪除去而不需受祂的審判。因上主對基督的拒絕，我們不被拒絕。基督願意承擔了我們一切因罪而來的敗壞。因此，上主的拒絕不會再成為人類的一部分。因為基督已為我們承受一切。巴特說：

「預定論包含著一個否定，但這個否定不是對人類來說的。又若預定論牽涉遺棄和拒絕，這一切就不是對人類來說的。」[12]

對巴特來說，因著耶穌基督，我們就除去一切因預定受審判的可能。相反，耶穌基督卻是那預定受苦者。從這個角度來看，我們便不用擔心死者的信仰是甚麼。因為預定的審判並不會在他們的身上發生。

面對不同解釋的可能性，我們應如何選取呢？究竟傳統所堅持的規限主義，宇宙性基督還是耶穌基督是上主所揀選等概念中，哪一個最合乎基督教信仰而又能安慰憂傷者呢？或許，對堅持規限主義者來說，最大的考慮莫過於是基督徒身分的混淆和由此帶來對宣教的輕視的可能性。坦白說，後兩者的解釋並沒有否定耶穌基督的重要性。耶穌基督的重要在於祂裏面和藉祂看見上主豐富的恩典，而不一定一切恩典只可以在那歷史的祂裏面才可經歷。前者可能是基督沙文主義論（chauvinism）。因此，面對那傷痛者，我們不可以代表上主斷言說：你們會再遇，而只是憑著信心說。正如我們沒有一個人可以肯定已死的信徒必得著救恩一樣。因為主耶穌曾說：「凡稱呼我主呀，主呀的人不都可進天國。」但我們卻憑著信心向在生的人說：我們會與死者重遇，並分享上主的榮耀。

註

[1] 以上的理解是後現代特色之一，就是強調事物並沒有客觀性，而只有詮釋。參考 Richard Rorty, *Philosophy and the Mirror of Nature*（Princeton University Press, 1979）。

[2] Hans-George Gadamer, *Truth and Method*（Seabury, 1975）, pp.238f. 他說任何了解總不能避免偏見，但偏見並不需要因此被否定。反而應被說明和歡迎，因為這是一切了解的基礎。

[3] 龔立人：《願你國降臨》（香港基督徒學會，1997），頁 60～63。

[4] 奧連：《基督教信仰》（道聲，1999），頁 383。

[5] 神學上，我們稱這立場為「排他主義」（exclusivism）或「規限主義」（restrictivism）。John Sanders, *No Other Name*（SPCK, 1994）, pp.37~80.

[6] John A. T. Robinson, *In the End God*（Harper & Row, 1968）, p.118.

[7] 同上，頁 133。

[8] John Hick, *Death and Eternal Life*（Harper & Row, 1976）, pp.251f.

[9] Irenaeus,"Against Heresies, 4.22.2", in: *Ante-Nicene Fathers*（Eerdmans, 1956）, ed. Alexander Roberts.

[10] John Wesley, "On Faith", in: *The Works of John Wesley*（Hendrickson, 1986）.

[11] Karl Barth, *Church Dogmatics,* Vol.2, part 2.

[12] 同上，頁 520。

第五章

「為何天父取去我的媽咪？」：論上主

「為何天父取去我的媽咪？」這是我七歲大的女兒，在面對母親離世時所發出的哀號。她的困擾（同樣也是我的困擾）成為一個哀哭，這是因為她的經驗與她的信仰互相抵觸。上主是全善全能的，祂不願意看到痛苦的發生，並參與在祂所創造的世界裏。這些是我的女兒對上主最基本的信念和假設，但在現實裏，這些信念已彷彿不再適用了。因為若上主真是全善全能，祂又為何不做些事，阻止癌病帶走她的母親？又若上主是滿有愛及關懷，祂又怎麼捨得讓她孤單呢？女兒的喊問並不只是要尋求一個更合理的回應，更重要的是，這回應如何可以支持她往後的路。因此，所有關於神義論的討論，都必須要滿足尋問者的智性與實存的需要，儘管我們知道這兩者並不容易連繫。[1]在本文中，我嘗試檢視神義論背後對上主信仰的信念，並探討我們需要有怎樣的重組，以致我們能更真誠地面對受苦的難題。上主的全能、上主的永恆和從無到有的創造將會逐一討論。

那一種能力

從女兒一句「為何天父取去我的媽咪」的哀慟中，她表達出上主與她有一份親密關係。不然，上主就不會被稱為天父了。然而，她的天父卻取去她的母親。這使她的生命衍生了極深的憤慨。在沒有與她商量或得到她母親允許的情況下，上主竟自作主張地行動。這樣的一位上主怎能被稱為父呢？這上主又怎值得信靠和信任呢？事實上，她對上主的憤怒是可以理解和合理的。但在她悲傷的背後，她對上主的假設又是甚麼呢？

她的基本假設是，上主必須對整個世界抱有責任（無論是好是壞）。因為祂既是創造者，又是維持者。上主是創造者，因祂是那惟一從沒有而創造到有的存有者。又因祂是全能的，故祂能做任何祂所喜愛的事。與此同時，既因祂是愛，所以祂必然會為著受造之物的利益而設想。另一方面，上主是維持者，因任何事都在祂的管轄和支配之中。沒有祂的允許，任何事都不能發生。這樣，上主就被描繪為擁有權力與全能的。但以上的理解卻無形地將上主的能力轉化為對受限的考慮。例如，當上主沒有阻止人類悲劇發生時，問題即轉為祂是邪惡還是祂沒有能力的討論框架中。從歷史來看，基督教神學較傾向選擇回應嚴肅的哲學挑戰，過於講求對聖經的忠誠。意即，對上主大能的理解是關乎祂是否受限，而不關乎聖經對上主大能如何陳述。

經院式神學便是這樣的一個例子。上主乃全能之所以成為難題，是因為全能一詞的理性本質與世界自然秩序間出現張力和矛盾。回應這難題第一個嘗試是：事物本身並不存在矛盾，因為這是不可能的。所以，它必不是從上主而來。例如，上主決不能造出一個三角形，當中的內角之總和不等如兩個直角。[2]回到困擾女兒的問題上，我們可解釋為上主沒有醫治她的母親，並不是出於祂的受限，而是因著祂不能做出與本身矛盾的事。意即，人類的自由與癌病的本質。（癌症本質就是帶來死亡，不死亡卻違反癌症的本質。）第二個嘗試的回應，是自然不能成為對至高而全能上主之限制。一切自然物之源起都是上主所賦予的。所以，只要上主願意，祂亦能廢棄自然世界的必然性。意即，祂能夠將發生的事轉化為沒有發生。[3]在上主裏，矛盾並不存在，而祂就是一切事物的理解。明顯地，我的女兒選擇了這種回應的立場，亦因此惹起了她對上主存有極大的疑惑。就是為何上主不做一點事。

本文的目的不是要爭辯以上哪一個回應較為合理。因為撇除兩者之不同外，他們都運用同一個進路去處理上主的全能。就是以邏輯和本體論代替神學的討論。

他們沒有參考聖經對上主全能的陳述。雖然如此，他們的不同告訴我們兩個很重要的概念：一方面，上主的全能不能被錯誤地演繹為一種發生在天上或地下的任意行動；另一方面，我們亦不應以自然定律來限制上主的自由或根據我們人類的準則來規範至高上主的能力。事實上，這兩者產生的矛盾都同樣講述上主的全能，但他們並沒有進一步幫助我們對上主全能的認識。因為他們的考慮都是從人的理性與思辨來出發。事實上，我們絕不能不聆聽和忽略上主如何啟示祂自己。

聖經啟示我們，世界並非完全在上主的掌管中，上主的能力比起我們所設想的來得更為有限。這說法不是要否定上主的全能性，而是以恰當的方法來認識祂。事實上，舊約聖經至少給予我們一幅圖畫，某部分世界是在上主控制以外。祂也需要不斷介入，以致能處理因人犯罪，並因人犯錯所帶來的影響。上主掌管是藉著不斷的介入來補救祂選民犯罪的後果。這結果並非是上主能控制的。上主甚至採取極端的步驟才可以阻止人類的犯罪。創世記六章 5 ～ 7 節就是一個明顯的例子。

> 耶和華見人在地上罪惡很大，終日所思想的盡都是惡，耶和華就後悔造人在地上，心中憂傷。說：「我要將所造的人和走獸，並昆蟲，以及空中的飛鳥，都從地上除滅，因為我造他們後悔了。」

此外，上主亦以戰爭作為工具去實現祂的目的。不論是利用以色列軍隊堅固以色列人，還是利用敵人的軍隊去懲罰他們（耶利米書二十二章24至30節；以西結書三十八章）。上主擁有能力去摧毀及懲罰並不代表祂的大能，相反這意味著世界不是完全在祂的掌管之下。否則，祂不需要為其創造的人感到後悔，也不需用不同的方法來糾正人的錯誤。上主賦予人類自由，但人的自由卻限制上主本身的自由。

新約聖經對上主掌管人類歷史的宣稱遠遠比舊約少。在福音書裏，上主並沒有被描繪為掌管世界者。當然，上主能夠自由行動，但其能力卻是嚴厲地受限制，並且需透過人才可成就。約翰福音一章1～5節寫到：

「太初有道，道與神同在，道就是神。這道太初與神同在。萬物是藉著他造的；凡被造的；沒有一樣不是藉著他造的。生命在他裏頭，這生命就是人的光，光照在黑暗裏，黑暗卻不接受光。」

這段經文清晰展現出上主創造萬物，並說出道就是光和生命。這生命是人類的光，而這光在黑暗中照耀，但卻沒有克服黑暗。一般來說，黑暗是連繫著邪惡。新約聖經似乎接受世界並非在上主完全掌控之下；相反，世界是受邪惡力量所管轄。另一證據來自耶穌遭受試探的故事。

魔鬼又領他上了高山，霎時間把天下的萬國都指給他看，對他說：「這一切權柄、榮華，我都要給你，因為這原是交付我的，我願意給誰就給誰。……」（路四 5 ~ 6）

這裏很清楚指出，邪惡的力量已控制了世界諸國，並能任意地行使其能力。縱使我們可以說，邪惡勢力並非這樣有能力，因為它的能力是被賦予的。但它壓倒世界諸國的事實卻不能否定。或許，當我們還肯定上主仍是全能時，我們可能得出的解釋便是上主選擇不去實踐祂摧毀邪惡勢力的能力。[4]上主的限制不在於外在力量對祂的威嚇，而是出於祂的意願。另一方面，耶穌的生命向我們啟示，祂對上主能力的理解有別於我們人性對能力的理解。

盧雲（Henri Nouwen）寫道：

「當我們繼續持守向『大能與權能的上主』祈求時，但以力量與權能作為對上主的理解卻不是那位宣稱「當你見我就如同見到父一樣」的耶穌所表達的能力。若我們真的去愛上主，我們就必須察看那裏著軟弱拿撒勒人耶穌的生命。祂的軟弱為我們開啟通往上主心靈的通道。」[5]

耶穌生命的特徵並非在於祂的權能，而是祂那份愛的能力。相對於那些對抗祂的人之力量，耶穌的能力甚為有限。事實上，祂的能力在軟弱裏彰顯出來，而不是在權能中。就是那份拒絕以報復心態來對待那些曾對祂藐視、嘲笑、吐唾液並與祂在十字架上的人。祂的權能是一種溫順和愛的能力，出於祂個體自由的回應。到最後，這看來軟弱的能力卻能克服所有敵人，但祂要為此付出沉重的代價。這份能力要求祂的門徒在上路時，依靠別人的慇待，不用帶任何東西；不以暴力對抗暴力，並拋棄對富裕的依靠。

耶穌的能力不是以對抗祂的人之基礎來建立。相反，祂的能力是一種說服的能力，甚至祂行使神蹟，也要靠賴信徒的信心。耶穌在小信的人那裏不能施以神蹟，亦不能作甚麼去改變這事。（馬太福音十七章19～21節）從復活的訊息來看，上主的全能在拿撒勒人耶穌的命運裏完全表達出來。就是自由的愛，甚至為此而犧牲，而不是以恣意和專制的形式來表達。這是上主能力至高的展現。

耶穌的生命顯示出一種對能力不同的理解，即是無能之中的能力。耶穌的能力在祂的受苦、同情，並與受苦的人同在時表達出來。耶穌的實踐要求我們更新自己的價值，特別是對能力的行使。上主的全能不以我們當今對能力理解的形式來表達，即克服、掌管、否定痛苦等概念，而是忍耐，甚至被打敗。十字架的能力並非走向死亡的能力，而是一種奔向生命的能力。這種能力不會嘗試去控制環境來影響一個人的意願，而是甚至在死亡和失敗中仍能帶向生命的能力。因為十字架並非以死亡為終結，而是由此通往復活。這是一種盼望抵抗盼望的態度。這樣，耶穌的生命正解除我們對上主能力的神話，並且揭露其能力的虛幻。這種對上主全能的理解使我們對能力有重新的認識。這樣的解釋更挑戰神義論對上主全能的假設。縱使上主沒有阻止苦難的發生，但這並沒有對祂的全能帶來否定。[6]因為基督徒對上主全能的理解不是一個對全能一詞概括性的用法，而是全能的上主本身。再者，惟有從十字架上理解上主的能力，我們才能接受祂對邪惡缺乏克服的能力之意義。

從聖經神學而言，上主的大能是以色列人在他們的歷史內對上主經驗下的認信。毫無疑問，出埃及事件是他們經驗的核心。即是一個離開為奴之地進入自由的過程。因此，這是為何出埃及事件經常被提及。事實上，以色列以這事件作為他們與上主立約的基礎，並對上主解放信實的根據。要掌握舊約聖經對上主全能之理念，出埃及事件就是他們經驗的起源，而聖約就是認識上主全能的背景。以色列人對上主全能的信仰基礎就不是一些關於沒有限制的主張，而是緊扣解放事件。故此，上主的全能應被理解為上主解救祂子民的信念，而並非上主那份無限和不可預計的行動。

至於新約聖經，它肯定了上主的能力。特別是保證那些全然倚靠祂的人不會被黑暗勢力所勝。保羅曾說在耶穌基督裏，沒有甚麼能分隔我們與上主的愛。（羅馬書八章 38 ～ 39 節） 然而，有一些神學家和哲學家卻堅決以無限的概念來討論上主的全能。對他們而言，全能是一個名詞，關乎上主是否實行他們對全能定下的準則。但對於上主的子民來說，全能卻是一個形容詞。就是關乎上主的信實和誠信。這樣，上主的全能並非一個空洞和抽象的觀念，而是充滿救恩歷史的內容。

就以上所討論的，不會減輕我們對上主是全能的疑惑。諷刺地，它卻產生新的爭論，例如，對永恆上主和邪惡勢力的理解等等。在還未轉向對這些課題的探討前，讓我先對我女兒的疑惑作一個評注。

孩子稱呼上主為天上的父親。他們對父親所有的經驗均投射在上主身上。[7]其中一個既獨特又普遍的經驗就是父親的能力。因著孩子本身和成人世界的需要，他們不自覺地都加強這份體驗。一方面，孩子感覺持著這信念可令他們感到安全；另一方面，成人藉此樹立他們的形象。但終有一日，當孩子長大時，他／她漸漸覺悟到強而有力的父親的信念已不再真確。因為他／她不但發現父親的弱點，甚至他的失敗。然而，這發現不一定會破壞他們的關係。相反，當這段關係是建基於愛的話，他們的關係可能會被強化和變得更深入。例如，那長大的孩子會照顧他／她的父親。相反，當父親不願意承認他的弱點，而孩子又感覺以往一直受騙。這個發現可能會摧毀他們的關係。我對這個經驗有數點觀察：第一，神義論的討論意味著我們已不再是小孩子，[8]它是一個成熟的標誌。這探求本身可能會瓦解我們傳統對上主的信心，但我們不應因此感到害怕；第二，只有當我們願意放下有關傳統對上主全能的神話（指哲學性理解），神義論的討論才會變得有成果；第三，神義論討論的目的，並非企圖去給予我們最合理的答案，而是要帶領我們通往上主的真實，就是祂的愛和信實。

沒有時間的上主

上主的全能絕非是一個孤立的信念。它連繫於其他兩個信念，就是上主的無所不在和祂的全知。一個小女孩早就被教導：上主不單有能力，而且臨在於每一處。沒有人可以在祂面前匿藏。一方面，上主的無所不在為她帶來一份安全感，因為上主是明白和照顧她的；另一方面，上主卻使她加添煩擾，因為祂每分每秒都監視著她。若上主真是無所不知的話，為何祂創造出一個滿載著癌病和挫折的世界呢？若上主是全知的話，為何祂不通知她的母親要加倍小心自己的身體狀況呢？這是我女兒的疑惑。像這般的問題不僅要求我們為苦難尋找意義，更挑戰我們對上主基本的信念，即是沒有時間（timeless）的上主。

當我們說上主是永恆（eternal）時，究竟這是甚麼意思呢？它可能解釋為永遠（everlasting），即是存在於每個過去和將來的時段，或沒有時間，即祂存在於時間以外。基督教傳統似乎較接受後者對上主永恆的理解。[9]因為前者的理解會將上主變為「時間的囚犯」。相反，沒有時間的上主做任何事都在瞬間一刻完成，無始無終。因此上主的知識和行動是毫無限制的。上主在祂的永恆臨在中立刻知道所有的事，但亦因這臨在並非在任何人類行為時間之前，所以，祂對人類行為就不能稱為預知。同樣地，上主在祂永恆臨在中的行動必帶來對任何事物的影響。若倒後的因果推論是不可能的話，而這又不能限制上主，那麼我們又如何理解沒有時間上主的行動呢？一個常用的例子：我們好像旅客在山腳下沿著路徑行走，在路徑上的每個驛站就是我們所經過的每個時段。除非我們身處驛站之中，否則我們根本不能看見那驛站中發生的事或在其中有所行動。然而，上主就好像站在山峯上的觀察者。祂能在晃眼之間看見所有路徑（每個時間），並且能從高處投下石塊於任何祂所選擇的路徑去。

若上主是在沒有時間中，祂就真的是完全不變。祂不能成為祂以外的祂者。祂是全然的單純和完全的完美。上主只有一個行動。對祂來説，所有時間——過去、現在與將來——都在同一刹那呈現。這樣的上主並非是一個道德的行使者，因為祂不需經過取捨或為選擇而深思。在祂一個完美和沒有時間的行動裏，沒有時間的上主沒有時間地在我們不同的時段裏行動。若「上主是善」是一句分析的話，沒有時間的上主所作的任何事情都必是善。因為沒有時間的上主之本質是不變的，祂不能成為祂以外的祂者，沒有時間的上主也沒有能力在可取捨的行動中作出非善的選擇。

因為上主是沒有時間，上主選擇這命題便沒有意思了。因此，亞奎那認為，上主能創造不同的世界這論點就存在邏輯上的不可能。[10]若上主是沒有時間，祂就不能成為祂以外的祂者，上主就不能作出祂行動以外的行動。上主就不能在取捨間作出深思。因此，有關上主決定之理念便不適當。沒有時間的上主所創造的，是由祂不變的性質帶來祂的創造。我們只有一個可能的宇宙，就是我們此刻所擁有的。這宇宙既因由沒有時間上主所造，而祂又被定義為完美的善。因此，這宇宙就必需是一個完美的宇宙。這樣，上主從那眾多可能的宇宙範圍內揀選這樣創造之理念並不成立。如果上主是沒有時間的話，上主的真正自由就意味著祂的行動是出於祂的自由，而不含外在對祂的約束。但諷刺地，上主的自由卻不允許祂從取捨中作出選擇和考慮。

既因上主沒有時間，故此，這世界是否屬最美善的問題便不會產生。因為上主根本不能和不曾創造另外的一個世界。這就不存在一個最美善的世界。這世界是惟一美的世界，它的完美就正如上主完美一樣。但我們卻在這所謂完美世界裏體驗著苦難。究竟如何與完美世界的信念調和呢？第一個可能的回應是，邪惡的存在是上主的計劃，目的是要藉此讓人類邁向完美。因為人被造時是欠缺成熟，需要鍛煉和成長。希克認為，邪惡是要鍛煉人的靈性，[11]而世界就是訓練的場所，讓人能成熟地邁向上主的形象。第二個回應，若上主是所有事物的源頭，邪惡就不能被稱為邪惡了。

因為所謂的邪惡仍有著善的含意。亞奎那認為邪惡不是事物的本質，它只是對善的缺乏。缺乏美善的事與物就被稱為邪惡。[12]第三個回應，邪惡的存在不會對上主構成威脅。因為這是受造物本身誤用上主給予他們的恩賜。[13]這是關於自由意志之討論。這三個回應在一定程度上，能減輕上主對邪惡的罪疚，但它們不能認真地體會受苦者的痛楚。因為縱使無人能否認人類可從苦難中受益，但有些苦難是毫無意義的。例如，孩子的受苦。[14]事實上，為了最終可能出現的幸福，我們在過程裏所付的代價實在太大了。另一方面，除了我們可能是苦難的來源外，並要為此負責任，但沒有時間的上主卻不能與我們一樣憂傷。因為沒有時間，就不能感受憂傷。當上主被看為沒有時間時，祂就變得不容許被移動、轉變，甚至後悔。因為這一切會令上主成為依賴者。亞奎那清晰地講述這點：

「因此，上主處於整個創造秩序的外面，而所有被造之物都在祂的安排之下。這顯出受造物是依賴著上主本身，但在上主裏面，祂與被造之物沒有存在這樣真正的關係。這關係只是一個理念。從受造物來說，一切的改變在於他們自己，而不是上主。正如有一根柱子在動物的右方，當中所轉變的不是柱子本身，而是在動物本身。」[15]

上主沒有時間的信念是要維護祂的絕對超越，但相反，它卻使上主失去能力。因為上主再不能被理解為那位與我們有關係的上主，祂只是那位沒有眼淚和悲傷的上主。這是哲學裏的上主，但不是聖經中啟示的上主。

在舊約聖經，我們發現上主是「時間的囚犯」。從創造開始，上主的命運就與被造的秩序互相交織。一方面，上主的命運依賴著世界怎樣運行，就是那些被上主賦予自由意志的人。另一方面，世界的命運也依仗上主的眷顧。這份上主與世界的相互依存關係具體地在以色列人的歷史中表達出來。當上主與亞伯拉罕立約時，上主的命運就立時與以色列的歷史連結起來。一個值得注意的例子是出埃及記三章 7 ～ 10 節，上主說：

> 耶和華說：「我的百姓在埃及所受的困苦，我實在看見了；他們因受督工的轄制所發的哀聲，我也聽見了。我原知道他們的痛苦；我下來是要救他們脫離埃及人的手，領他們出了那地，到美好、寬闊、流奶與蜜之地，就是到迦南人、赫人、亞摩利人、比利洗人、希未人、耶布斯人之地。現在以色列人的哀聲達到我耳中，我也看見埃及人怎樣欺壓他們。故此，我要打發你去見法老，使你可以將我的百姓以色列人從埃及領出來。」

上主不單聆聽祂子民的聲音，並且在其中有所行動。因為上主聆聽、哀哭和行動，以色列人就知曉他們所敬拜的是誰。另一個驚人的例子來自出埃及記三十二章。透過上主與摩西的對話，我們發現上主是會生氣，甚至會改變祂的心意。確實，上主是十分「情緒化」和「善變」的。從聖經所描述，我們可以說，上主絕不是一個抽象的概念。上主是藉著與祂相遇而讓人認識祂，而不是藉著分析而來。這樣，談論上主的任何事都離不開上主、世界和祂子民間的互動關係。這種互動關係正要求上主處身於時間之內。

沒有時間的上主與基督徒的經驗是疏離的。只有當上主活在時間之內，祂才能與我們產生互動。上主需要知曉每個時段，就是日期或與一個指定事件的暫時性關係，祂才能知曉和感受哪些是真實的陳述。為要知道這事件是屬於過去抑或將來，上主需要知道已發生甚麼事和現在是甚麼時候。祂至少需要知道一個真正的命題才行。例如，現在是公元二○○○年。同樣地，「祂子民的痛楚」這命題也是在某時間下才是真實。這樣，上主的永恆性就需要以永遠來理解，而不是在沒有時間的概念下來解釋。永遠的上主有祂的始和終。因祂對其創造保持著不變的愛和眷顧，祂本身就要在時間之內。在祂眼中，千年可能只是已過去的傍晚，但傍晚仍離不開時間。上主是永遠的靈，祂的行動和回應連繫於祂的創造和宇宙。這樣，上主的作為和一切帶來的影響都必發生在時間之內。雖然上主對將來的知識遠遠比我們所知的為大，就正如祂對現在的知識也遠比我們所知的為多，但畢竟將來對上主仍是將來。這樣，祂才可以是一個真正的道德行使者。因為祂可以在不同的取捨之間有所抉擇。

若上主是沒有時間，祂就不會有預知能力。因為祂存在於時間之外。同樣地，若上主是永遠的，祂也不會有預知能力。因為將來對祂來說仍是將來。所以持任何一方的立場，都不會影響上主的預知能力。若上主對將來行動是全知的話，祂就沒有任何自由可言。若上主是全然自由的話，祂則對祂將要作的事就存在無知的成份。明顯地，這份自然約束使上主對祂自己存在著不完全知道的元素。但在合理的考慮下（例如，上主無瑕疵的善），祂某種行動是肯定和不受干擾的。

回到這世界是否為最可能美善的問題上，永遠的上主並不能知道哪一個世界將會沒有人犯罪。因為永遠的上主不會知道人類將會如何行使其自由。永遠的上主全然地知道過去與現在，但將來卻是開放的。這是一個開放的世界，人類可以作他們自由的抉擇。上主可以創造一個美善的世界，但祂對人類的自由卻不能預測。因此，上主需要承受給予人類自由的風險，並知道人類濫用自由的可能性。創造本身就是一個冒險，因為上主將祂自己放在一個不明確的將來之內。

在這裏，我假設了人的自由意志能限制上主的全知。假設人的自由並不完全受其先前因素所影響的話，那麼他自己可能處身在一個錯誤的信念之中，正如我們對別人行動的預測也可能會錯誤。故此，不論我是否對你的行動有任何預知的能力，但若你是自由的話，你就有能力把我預知的信念否定。因此，無人能保證對一個自由行動者擁有預知的能力。所以，即使有人總是說有預知的能力，甚至應驗了，但他的預知只不過是一種幸運罷了。這樣，若上主的全知被理解為對所有命題都預知的話，這信念卻不能與一個自由行動者的信念並存。例如，若小美是自由地嫁給大明，那永遠的上主就不能預知他們終究會否結婚。上主可能知道大明是一個敏銳、仁慈、有智慧和明白事理的人，以致小美願意與這人結婚。但當上主在時間之內，祂就不能知道她是否一定會如此做。我們可以這樣說，上主給予人的自由，而人的自由卻限制了上主本身所知道的事。[16]

以永遠來理解上主是非常重要的，因為惟有這樣，祂才能感受和回應我們的苦難。上主的感受和行動告訴我們，祂沒有離開過。祂被我們的苦難觸摸和受感動。祂是一位關係的上主。按聖經記載，上主透過對人的解放，成為孤兒寡婦的維護者。換句話說，祂是受害者的上主。這又如何被理解呢？究竟上主的介入是否惟一的選擇呢？

若耶穌基督是上主的啟示，祂對耶穌被釘在十架上一事卻沒有顯出一點行動和說話。祂沒有介入，而讓事情這樣地發生。這令我們感到憂慮和疑惑，因為上主對受苦者所遭遇的情況竟然甚麼都不作。這實在是一種羞辱。但這正是保羅和馬丁路德所談論有關十字架的神學。保羅說：

「因神的愚拙總比人智慧，神的軟弱總比人強壯。」（林前一25）

根據保羅、路德以上主的受苦對立於上主的知識，又以上主知識的十架對立於上主在創造和歷史的工作。縱使後者使我們對上主有不同的認識，但十字架的神學才是那惟一的三稜鏡。就是所有對上主的知識都必須以此來透視。因為人類作為罪人，總會利用宗教的洞察來滿足他們自我神化的欲望。在基督十字架裏所展現對上主的知識正挑戰我們任何嘗試去建構和偶像化我們對上主的形象。特別是：上主不是在能力裏顯現，而是在痛苦之中，甚至祂對受苦仍是沉默不語。

在受難節那日，當大部分人說，上主已離開耶穌的痛苦時，無人能體會上主以不行動和沉默臨在十字架之中。面對祂所疼愛的兒子遭到無情的逼害、甚至死亡，上主似乎真的很冷淡，一點感情也沒有。只在耶穌復活裏，我們才發現上主從來沒有離開過耶穌。我們如何去描述上主的苦難是次要，但最重要的，是上主參與耶穌受苦之中。

上主在歷史裏道成了肉身，容讓祂自己受影響，甚至因著罪的定律招致死亡。十字架不應被視為上主恣意的計劃，或只是在耶穌身上所施加的殘酷刑罰。十字架是上主原先的選擇。在道成肉身那一刻，祂已經預備了。道成肉身代表著上主與我們的關係拉近，而沒有逃避或試圖控制歷史。上主接納受苦，但這不應被視作為對苦難的一種升華或合理化的原因。上主在十字架上所受的苦說明，上主對人類苦難的抗爭是要表達出祂與那受苦者的同在，而上主對苦難抗爭的方法亦是人的方法，沒有甚麼神蹟。上主的受苦向一個充滿苦難的歷史清晰地表明，以升華來看待苦難或以外在的能力來否定它都不是祂的選擇。相反，祂選擇以勇氣與它一起。事實上，上主的沉默應被理解為祂與在歷史被釘的人之同在。博夫（Leonardo Boff）寫道：

「上主以沉默來面對苦難，是因為祂自己正在受苦之中，同時亦將祂自己成為受苦的人與殉道者的緣由。痛苦對祂並不陌生。但若祂接受的話，這不是要使痛苦變為永恆和使我們沒有盼望，而是因為祂想將所有歷史上的十字架結束。」[17]

十字架沒有給我們展示慣常假設的神性。在十字架之上，我們找不到上主的形象，甚至也沒有言語，只有上主的沉默。在十字架上，既沒有能力，也沒有將來。十架並不是那還未實現的將來，而是過去和現在的失敗。上主沒有在十架上勝過邪惡的權力，反而被它戰勝。但十字架不是人類歷史的終止，復活才是。那裏沒有十字架，那裏就沒有復活。（林前十五17～19）然而，復活不是要合理化十字架，反而是要確認苦難（甚至死亡）並非所想像般那麼強而有力，無可對抗。

生命本是脆弱且短暫，但卻可以充滿生命力。甚至在邪惡當中，耶穌仍舊繼續為美善工作。縱使我們失敗了，但上主是我們的生命動力，使我們與苦難掙扎到底。更重要的是，上主是在受苦者的苦難中，與他們一起分擔精神上的痛苦。就是對失望進行抗爭，面對死亡時不絕望，在惡劣環境裏尋求機會分享愛。上主是與受苦者一起受苦，祂並不是苦難的起因。上主臨在那些面對死亡的人中，嘗試將他們的憤怒轉化為有建設性的決心，來避免其他人遭遇同樣的苦難。這是我們從耶穌的生命中所學到的。

回到我女兒對「為何天父取去我的媽咪」的哭號中，永遠的上主並沒有給她任何答案。反而只與她一同吶喊說：「我的神，我的神，為甚麼離棄我？」（可十五 34）耶穌的呼喊是一份同在的呼喊。對受苦者來說，她所需要的安慰豈只是一個答案呢？她需要一位忠心的聆聽者，不但能明白她的悲嘆，更能與她一同哀哭。上主的呼喊讓她知道她不是孤單，而是與她一起。因為祂也曾經歷這樣的痛苦。上主的同在沒有必然釋放她的痛苦，但卻使她有能力面對當前的困難。此外，他們的叫喊一致地要除滅苦難的神話。即是說，苦難是真實且具破壞性，它並不必然為人類帶來美好。將苦難升華或將它合理化可能只是一種虛偽的慰藉和撫恤，因為苦難破壞性的本質被漠視了。說出我們的痛苦是讓我們看見苦難真實的一面。對抗苦難的能力來自我們是否有勇氣說出它的真實。因著上主在時間裏，我們或生或死都是與上主一起。上主不是在某一處，以致我們必須要離開世界與祂一起，而是祂在世上與我們一起。在世上，祂在我們的死亡中迎接我們。如主耶穌基督的禱文說：「仁慈的上主是與我們同在，因此，我們就如同在天上。」不論在地或在天，仁愛的上主必與我們一起。

只有當上主是永遠，並臨在時間裏，祂才明白我們的痛苦。惟有上主是恆久，祂才可成為一位受苦的上主。受苦的上主並不是歌頌苦難，祂的苦難是表達出祂與受苦者的同在。受苦的上主讓我們看到苦難應如何處理，不否定它或向它屈服，而是以勇氣和愛與它共存。

從無到有的創造？

以上我們所討論的，我提出上主不應為我女兒失去她母親一事受責，因為上主不是完全掌管宇宙。事實上，祂的命運與我們一樣。祂受苦且死在十字架上（但已復活）。耶穌的十架並沒有將苦難合理化，反而在苦難中與我們同在。邪惡是多麼的真實和強而有力，它甚至能取走一個人的生命。究竟以死亡形式出現的邪惡是從哪裏來的呢？這帶我們進入對上主第三個信念，就是有關從無到有之創造信念。

傳統上，因我們以從無到有來理解創造（ex nihilo），基督徒就很自然抗拒以二元論作為對邪惡存在的解釋。

因為這容讓有東西可以在上主以外而存在，而其存在又可以不倚賴上主。這樣，上主的能力就會因此被限制了。雖然以獨立於上主以外作為邪惡根源的解釋可以免除上主的責任，但這卻要付出很大的代價，因為這會逼令基督徒以一個更限制的角度來理解上主。

若二元論是基督徒不能接納的概念，那麼我們如何解釋邪惡的存在呢？另一個可能是，接受自然的邪惡仍是上主無瑕創造的一部分。[18]這是亞奎那的立場。[19]他認為自然的邪惡仍是上主的工具，但上主不是直接命令它的存在，而是意外的。事實上，只有從人類的角度來看，自然的邪惡才會被視為邪惡。若以上主的角度來看，它卻絲毫不是邪惡。它是創造的自然結果，而上主看祂的創造為全然的美。從人類的角度來看，我們可能希望這些事不存在，但這只是因為我們有限之緣故。例如，一隻被狐狸所吞吃的兔子可能希望這世界不會是這樣。但這只因牠以牠為固定中心的世界觀之緣故。若從一個更寬闊的視野去看，兔子與狐狸的配合是非常好和自然。對個體來說，這可能是一個自然災害。[20]但從宇宙間之搭配則是天衣無縫。縱使整體的創造是關乎平衡和協調，但這並不意味著在自然規律下的苦難是合理的。因為痛苦終究是真實的。

亞奎那發展出他的第二個論辯，就是邪惡沒有任何實質、形態或內容。它只是美善的剝奪。[21] 換句話說，邪惡就是缺乏其本身被預定應蘊含的美善本質。對於亞奎那來說，若任何有限的事或人缺乏他們應有的特徵時，這不會必然對他們帶來甚麼損失。因為這些缺乏並不會影響他們成為他們本身的本質。例如，人類不曾有翅膀，或雀鳥亦不曾有手。事實上，人的本質並不擁有翅膀，雀鳥的本質也沒有手。所以，這樣的缺乏不能被視為邪惡。相反，惟有那些只被考慮為事物的本質而又缺乏才可算為邪惡。譬如，雀鳥被造的本質是要飛翔，但若牠沒有翅膀，這就是邪惡了。然而，究竟甚麼是人類的本質呢？這沒有一個簡單的答案。身體的活動能力是否人類不可缺的本質呢？縱使一個患上末期癌病的人已失去她的活動能力，但她的自由不會因而減少。因為人類自由與否不是因其活動的能力，而是回應上主的自由。這回應能力是內在的抉擇，而絕不依賴於外在的條件。活動性容許我們移動，但並不保證我們得著自由。這樣，邪惡只會發生在那些選擇不回應上主的人身上。

表面來看，亞奎那的論辯是有說服力的，因為人的本質是心靈的回歸。但他似乎沒有注意到，外在條件確實給予我們的生活有很大的衝擊和破壞。有時候，苦難甚至耗盡我們的生命。事實上，我們是具有感覺的個體，且被上主所愛。這樣，自然邪惡就不只是因為從我們的立足點來看的結果，更是它確實是邪惡。或許，我們不容易精確地為邪惡下一定義，但對那些生活在被癌細胞折磨的人來說，邪惡確是真實的。或許從上主的角度來看，創造本身是美善，但從人類的角度來看，這個世界可以比現在更加好。若上主真的愛我們，那麼我們的觀點應該被重視。亞奎那的進路為上主的無辜而辯護，但與此同時，他視上主為能力的泉源，其主權凌駕在我們之上，但卻沒有義務。這是一幅我們不能接受的關係。若上主是創造者，祂逃不過要盡的義務，就是將這世界帶向更美好。邪惡必須從那受苦者的角度來看，因為他們的經歷使他們有這樣的特權。這亦是約伯所堅持的。古鐵熱指出：

「約伯的言詞是對那種缺乏人類悲憫和與現實沒有接觸的神學之批判。從神學原理到生活這種單一方向的神學是沒有前途的。他的朋友向他聲稱，他自言無辜的態度就等同對上主的譴責。然而，約伯理直氣壯地說到，上主的合理不是藉著對受苦者的譴責而來。」[22]

為了要持守從無到有的創造理念，以及解釋邪惡的存在，魔鬼的概念就被引進來填補這個空間。魔鬼被認為是墮落天使之首。奥古斯丁認為魔鬼的墮落歸因於他的驕傲，就是他拒絕服從上主。世界分裂性的結果是這原罪所致。魔鬼的犯罪將他牢固於邪惡之內，但他又似乎沒有空間可以改過。魔鬼作為一個墮落的天使，知道他不能與上主同等，但他與其他反叛者卻希望，並相信透過他們的能力，可以取得永恆或至上的幸福。因此，他不選擇順服上主。魔鬼作了這樣一個抉擇，並固定在這選擇中。[23]潘亭格（Alva Plantinga）說：

聖奧古斯丁相信，自然的邪惡是基於那擁有自由和理性，但卻是非人類的存有而來。那些自由意志的擁護者沒有需要認同這主張；這只是一個可能……所有自然的邪惡可能是歸因於那非人的自由活動。事實上，沒有一個上主所創造的世界，它可以擁有那非人的自由活動，但同時又能平衡以善勝惡的可能。[24]

潘亭格的論點是運用自由意志的辯護來解釋魔鬼的出現，但我對於這樣的解釋實感困難。因為基本上，我們對於屬靈世界根本是毫無認識的。具體說，在上主的計劃裏，天使的角色又是甚麼呢？若我們說，他們有些是要對因驕傲而釀成的邪惡負上責任時，我們看不到那些沒有墮落的天使為世界帶來甚麼的好處？又墮落的天使是否真的有這樣的能力，以致能擾亂整個世界呢？我們不能知道，而這也只是一個臆測。另外，若上主愛這世界，那祂會否同樣愛魔鬼，並為他預備救恩呢？若有些基督徒接納普救論時，這是否同樣可應用在魔鬼的身上呢？將邪惡歸咎於墮落的天使可能會減省我們在這方面的疑惑，但這對他並不公平。事實上，這個假設只令他變成為人類或對上主失敗的代罪羔羊。

或許，我們對邪惡存在的問題背後的假設是錯誤的。我們整個討論是建基在從無到有的創造理念上。結果，我們將這世界看為完整、已完成和不變的。除此以外，我們亦強調上主的超越性，而將祂的超越等同祂至高無上的權威。就是對萬物的支配。以上兩個對邪惡存在的解釋就是嘗試維護上主的無知和祂創造的完美。但這一切卻將世界與上主分開，因為創造被理解為圓滿完成，而非一個延續的過程。這樣，上主就可以不理這世界了。事實上，舊約聖經學者指出，舊約對創造故事的描述相對地是較晚才完成的。[25] 先知的信仰不是紮根於創造而移動至出埃及。事情卻是剛剛相反。就是以色列人先默想耶和華在歷史裏所建立的約和拯救，他們才建立創造教義。所以，創造不是一個假定和絕對的教義，而是一個經歷並依賴上主不停的創造而產生的教義。沒有上主在創造中的行動，這世界就會變為一種虛無的狀態。缺乏以色列人歷史的背景，創造一詞就成為有關科學對根源的討論，對宇宙探索的科學知識。若創造基本上不是一個哲學的關注時，那麼：

「我們可以合理地建議聖經對創造的論述是藝術性多於科學性。因此，它不會滿足於科學家澄清的旨趣。若科學的關注和考慮被抽出後，我們就可以幻想這宇宙為一個富有意義的整體，以及一個具位格意念藉著可用的資源塑造的成果。聖經並不探究物質從哪裏來。這樣，那沒有形態的動力可能已在世界創造以先與上主並存。對這樣的觀念，於我而言不是沒有可能。」[26]

將聖經研讀成為科學性指南或歷史記載都會導致我們偏離正軌。如上面所說，創世記的故事是要證實上主無限的創造性，祂無條件的主權，與及萬物對祂終極的依賴。雖然我們接受現今的世界是要靠賴上主才能達至美好，但我們不能因此就否定上主與世界總是在一起這基本的觀點。「怎樣」創造依舊是一個奧祕。我們要坦白承認對宇宙奇妙結構的理解是全然依賴著上主之意願。

這樣，創造就不一定需要認定第一刻是甚麼都沒有，跟著在一刻間，就有一個世界。此外，上主從無到有的創造教義亦不應以僵硬和簡單意念的方式來理解。它可以被理解為從眾多的可能性中作選擇，並運用已有的物質來創造。上主的創造就是使事物有全新的開始，並繼續延續著。這完全的新是一個事物的形態，焦點集中在實體最初的原意、它的潛能、它對抉擇能力、它自我實現的機會，與及履行上主所計劃的事。「無有」這個詞不一定需要意味著絕對虛無，卻可看為個別的事件潛能的缺乏。這樣，創造就既不是已完成，亦非圓滿，而是仍然繼續的過程。上主仍然在鑄造祂的創造，將它從混沌之中帶進秩序。這不關乎上主的不完全，上主的完美是在祂參與創造歷史內發生，並將它帶向成全。

以上的討論，是要指出上主的創造需要被理解為祂使宇宙脫離其混沌的狀態多於由無成為有。這說法並不提出上主只是一個陶匠，與創造泥土無關，而是後者並非聖經所關注。事實上，聖經對此亦絲毫沒有提及。在西方的社會，邪惡難題的產生是出於自己所感受與現實處境的矛盾。但這種困難在斯理蘭卡和泰國等地方卻不存在疑惑。因為佛教文化已認識到邪惡在世界裏的普遍性，並以此為反省的起始點。他們沒有預先假設我們的世界應是怎樣，因為這樣假設是沒有根據的。事實上，基督教信仰沒有必然要採取西方思考的進路。若採取類似東方的進路，上主的創造可能更正確地被解釋。因為祂是要將混沌帶進秩序。這裏並不牽涉物質原料是否獨立於上主的討論，而看這世界是上主所創造，但祂的創造還未完成。上主依然工作，目的是要將混沌帶進秩序。混沌對上主的主權沒有帶來威脅，反而是一個情況需要被模造。

當我的女兒喊叫「為何天父取去我的媽咪」時，上主不單與她一起痛哭，並且承認生命中的複雜、變化，甚至依賴自然揀選中的隨意性。在這過程中，消耗及死亡都會發生。有一股力量充滿在上主的世界裏，它要對充滿祝福的世界作出否定和廢棄。這力量是多麼的真實，以致我們沒有人可以否認。但這對上主沒有威脅。相反，這更肯定上主的參與是如何逼切。確認上主為創造者是相信祂要使世界從混沌走進秩序。再者，我們是祂的伙伴。故此，我們要對抗這現實，不被它所擊敗，但我們在世上勝利並非必然。最壞的誘惑，莫過於我們相信對抗邪惡是不必要和已是過去的事。當這看法被取而行之的時候，邪惡就因而得著勝利。

從取去到照顧

直到目前為止，我們所討論的不會抹去我女兒的眼淚。這不僅因為邪惡還未被克服，亦因為她的母親已經去世。她的媽媽已不再活在這世界裏，而我的女兒亦沒可能得到任何從她媽媽而來的回應。這分隔是多麼的真實和具體。我的女兒相信上主取去她的媽媽，但並非邪惡。這怨言已說出邪惡的能力實是有限，並非終極。因為生命是在上主掌握之內。邪惡不能決定我們的生命，只有上主才可以。這是我女兒在呼喊中的反應。相對來說，這假設卻將上主看為一位專制的上主。因為我們只有順從，沒有絲毫討價還價的能力。從這方面來看，取走只不過是盜取的同義詞。上主是否真的是一位極權的上主呢？

從以上我們所討論的，我提出上主不是完全掌管世界，並非因外在勢力所致，而是祂自己的邀請。再者，祂向我們啟示，祂不是以權力來戰勝不義，而是用愛與自由。祂是一位受苦的上主，但這不是要使苦難合理化，而是要結束所有在歷史上的十字架。除此以外，祂更是一位仍然繼續去鑄造世界的上主，並將世界從混沌帶進秩序。故此，我可以大膽地對我的女兒說，上主並非取走（take away）妳的媽咪，祂只是暫時照顧（take care）她。當大部分醫護人員和我們都無法減輕她的痛楚時，上主就特別介入。帶走她，讓上主照顧她。要接受我們不能照顧她是一件令人傷痛的事實，但我們要承認自己的限制。照顧並非是一種文字的遊戲，而是在痛苦中對上主有不同的理解。上主不是要取走她而令我們之間感到分隔，而是照顧著她，使我們不需感到憂慮。死亡已不再單被視為一種咒詛，因為甚至在死亡之中，上主的眷顧依舊仍在。我們不會為死亡歡呼，卻為著上主對我們永遠的愛與照顧而歡欣。

註

1 一個穩固合理的論點並不必然地幫助一個人去應付實際生命的需要，而那用作應付一個人生命的信念亦同時不是必然地合理。約伯記就是這樣一個例子。不管他的朋友如何提供不同的論辯去使他信服，他都不能被安慰。相反，他卻在與上主相遇中被慰藉。上主沒有為他提供任何合理的理由，而只是以自由、無償的愛和溫和與他相遇。見 G. Gutierrez, *On Job*（Orbis, 1987）, pp.68f.

2 這是湯馬斯．亞奎那（Thomas Aquinas）所持的立場。他說：「在全能的上主裏並不存在事物衝突和矛盾的可能。」而以此將之加以闡明：「在全能上主的領域內沒有甚麼是矛盾的，因為上主不可能擁有矛盾的可能性。故此，我們這樣說比較恰當：事物不能如此做，而非上主不能做。」見 Thomas Aquinas, *Summa Theologiae*（Benziger Bros）, Ia, 25。

3 這是那些強調上主與人類之間存在無限性質上不同的人之觀點。故此，對他們來說，上主能做違反邏輯的事，並造方形的圓形。神蹟就是其中的例子。

4 約伯記清晰地指出，魔鬼只有在上主允許的情況下才有權力，而當中又肯定權力本身是上主所給予的。我們更準確地說，上主容許世界在混沌、邪惡及黑暗勢力的管轄之下，並受他們的束縛。

5 Henri Nouwen, *The Path of Power*（DLT, 1995）, p.18.

6 David Hume和 John Stuart Mill最能代表這種立場。對他們來説，若上主真的從虛無中創造出世界，則邪惡就似是不必要。上主對邪惡的態度似乎説出祂根本不關心人類的痛苦。若不是，便是祂並非全能。見 J. S. Mill, Nature, *The Utility of Religion and Theism*（Longman, 1874）, 及 D. Hume, *Dialogues Concerning Natural Religion*（Hafner., 1948）。

7 這與佛洛伊德的觀點類似。根據佛洛依德所言，宗教是幻覺願望的產物。人的潛意識希望他們在有能力的父親底下受保護，但在現實環境下往往不容易實現。這樣，宗教就將這樣的渴求投射在人以外的事物上。他就像地上的父親對他的兒女所作的一樣。然而，我的結論並非與佛洛依德一樣。因為即使在一定程度上，上主可能是我們對地上父親所投射的結果，但這並不等於凡投射的就必定是幻覺。相反，所投射的事可能是真實的。

8 希伯來書5章13～14節説到：「凡只能吃奶的都不熟練仁義的道理，因為他是嬰孩；惟獨長大成人的才能吃乾糧；他們的心竅習練得通達，就能分辨好歹了。」

9 由俄利根開始，奧古斯丁、亞奎那，到大部分後期的天主教神學家，他們大多都持有上主為沒有時間的觀點。上主被看為不變的、單純的、絕對的超越。事實上，以沒有時間的角度來看永恒有其希臘哲學的根源，而早期及中世紀基督教神學也是大大因其所以的。見 Stephen Parrish, *God and Necessity*（University Press of America, 1997）.

10 Thomas Aquinas, *Summa Theologiae,* Ia, 25,6.

11 見John Hick, "An Irenaean Theodicy", in: *Encountering Evil,* ed. Stephen T.Davis（T&T Clark, 1994）, pp. 39~52。

12 Thomas Aquinas, Summa Theologiae, Ia, 48. 亞奎那認為沒有所謂完全邪惡的存在。因為邪惡只不過是善的不足。他認為對自己本質百分之百不足的事物基本上是不存在的。這樣，撒但的存在就不能被指為全然的邪惡。

13 這是奧古斯丁所持之觀點。他考慮到世界原是被創造成完美，但它的不完美是因人類行使自由意志所導致的結果。見 J. N. D. Kelly, *Early Christian Doctrines*（Harper, 1978）, pp. 366~369。

14 Dostoyevsky, *The Brothers Karamazov*（Penguin）, Book 5, Chapter 4.

15 Thomas Aquinas, *Summa Theologiae,* I, 13.7.

16 William Lane Craig, *Divine Foreknowledge and Human Freedom*（Brill, 1991）.

17 J. Sobrino, *Jesus the Liberator*（Orbis, 1993）, p. 243.

18 這裏，我提出道德邪惡與自然邪惡之間的區別，它們的分別在於前者是在人類的掌控之下，而可以是人類自由行動下的結果。後者卻不是這種情況。

[19] Thomas Aquinas, *Summa Theologiae,* Ia, 49, 1~2.

[20] 近來關於 Gaia 的理念，是由多位生態學家所提議的。他們提出環繞著地球的氣候是靠著地球本身巧妙地處理。生命是要適應這氣候的條件。這樣，兔子被狐狸所吃只是其中一個自我調整的世界裝置。

[21] Thomas Ắquinas, *Summa Theologiae,* Ia, 5, 48, 3.

[22] G. Gutierrez, *On Job,* p.30.

[23] 見 Jeffrey B. Russell, *Satan*（Cornell University Press, 1981）, pp.186～218。

[24] A. Plantinga, "God, Evil and the Metaphysics of Freedom", in: *The Problem of Evil,* ed. Marilyn M. Adams & Robert M. Adams （Oxford University Press, 1990）, p.108.

[25] 見Walter Brueggeman, *Theology of the Old Testament*（Fortress, 1997）, pp.534ff.

[26] F. W. Dillistone, *The Christian Faith*（Hodder and Stoughton, 1964）, p.171.

第六章

「我終於可以回家」：**論關顧**

一九九九年七月二十八日是一個很重要的日子。因為內子終於可以回家了。事實上，她自一九九八年十二月被證實患上末期癌症後便過著流浪的生活。她先後在三間醫院住上五個月，又在她的娘家住了四個月。對內子來說，回家是她一生最渴望的事。然而，對她來說，這家卻已變得陌生。因我們搬了新居。（舊址是在二樓，又沒有電梯，她回來不方便。）她找不著她悉心挑選的電燈，也看不見她看慣了的窗簾布。當然，家中的擺設亦非她的心意，但她總是回家了。因為家是關乎關係。就是一處她可感受愛與被愛，自由與尊重的地方。猶記得那一天她回來時，孩子們給她的擁抱，我推著她四處參觀我們的新居時，她露出那份好奇，那份喜悅，我到今日還歷歷在目。

家是不可以取代的。這正是為何很多病人都嚷著要回家去的原因。然而，當病情不能容許病者回家時，醫院就成為病者不願意住在其中的另一個家。那麼，作為醫護人員，他們的責任就倍覺艱難。除了要給予病患者有適當的治療外，他們還肩負如何讓病人在醫院裏於一定程度上還可感受著家的感覺，而不是被遺棄。[1]然而，這責任不是對醫護人員額外的要求，反而是最基本的。因為病患者是人，而絕不是一件有待修理的機器。以下，我試從一個病人家屬的角度來看醫院中的關顧。[2]

做人的工作

「一九九九年十月十六日，內子正在等候安排入院。與此同時，附近的一位年長病患者的氧氣罩掉了下來，而他又不能替自己戴上。剛巧有一位穿著醫院制服的女工經過，我向她說，快找護士來看看他的情況。那位女工說：「我是負責清潔的，若你要找護士，你自己去吧！」

我無意要將這個經歷普遍化。但事實上，醫院裏有很多很盡責的非醫護人員。提出這次經歷只想說明一件簡單的事，就是我們的社會犯了兩個基本的毛病。第一，將關顧只放在醫療專業下的議程去討論。例如，在一切有關醫療關顧的研討會中，只有所謂醫療專業人士參加和出席。[3]似乎這已意味那些非醫療專業的工作人員與關顧無干。倘若不是的話，他們的意見亦沒有任何參考價值。這種傾向是專業霸權的伸延。[4]結果，其餘非醫護專業的工作人員就可自由地選擇哪些工作與他們或關顧有關。

從個人接觸這方面看，我發現與病人接觸得最多的，不是我們一般理解的醫療專業人士，而是那些非醫療專業人士。坦白說，每日醫生上病房只一至兩次，而每次看病人的時間都不足五分鐘。護士也不例外，他們與病人的接觸往往是在分派藥物那一分鐘的講解。若你幸運的話（例如，抽血、吊鹽水），他們會多給你數分鐘。相反，與病人接觸最多的就是所謂的「阿姐」。從沖水、協助病人清潔，換牀單等等，她們都是直接與病人接觸。她們的態度直接影響病人的情緒。當病人不能照顧自己，而要倚靠她們的幫助時，她們的一舉一動對於病人就顯得極之重要。尤其是，我想到病人需要別人協助她排泄時。病人從中就可以感受到是否被愛和被尊重。當然，這說法沒有否定醫生和護士等醫護人員的作用，但漠視這最「前線」的工作人員的操守是改革不夠徹底。這樣，要辦好醫療照顧就要從最基本做起：就是讓每一個在醫院工作的人都知道他們一樣在參與照顧的工作。他們對病人的鼓勵與支持並不比醫生遜色。

第二，我們的毛病是以二元論來看工作。第一種是對人的工作，而第二種就是非對人的工作。所謂對人的工作就是指教師、社工、護士、醫生等等。相對來說，不是這種工作就應該是非對人的工作。然而，用人作為準則來分類工種其實是有困難的。一來，人是否指我們服務的對象，還是機構裏面的同事？事實上，我們發現很多所謂對人工作的高級職員並沒有直接接觸服務的對象。他們又是否做對人的工作呢？二來，這裏所說的人是否指那些需要我們提供服務的人呢？若是，究竟怎麼樣的服務才可算是對人的工作呢？今天，坊間很多銀行、人壽保險、甚至健康食品都打著為你提供度身訂造的服務的口號。難道他們都不是對人的工作嗎？若他們都不是的話，我們是否將人切割開呢？

以上要指出的，對人的工作不應該只屬於傳統所謂對人工作的工種。換句話說，我們應該看我們一切的工作都應該是對人的工作，而不要讓工商界有藉口說，我們不是對人的工作，可以理直氣壯逃避對社會的責任。此外，我們又不要讓那些做文職或勞動工作的人說，我們只是為了三餐，不要要求我們有這樣的工作態度。不論是為利、為生活、還是為人，我們總沒有藉口不為人。

究竟甚麼才是對人的工作呢？簡單來說，所謂對人的工作不是關乎與人接觸或與機器接觸，而是那些以人類成長和福祉為己任的工作。這就不在乎我在其中所扮演的角色是輕還是重，直接還是間接。尤其是當別人的需要和個人的利益有衝突時，對人工作的工作者就會毫無疑問選擇將個人的利益放下。這不但是他們的選擇，更是社會對他們的期望。事實上，當他們為著自身的利益（例如：薪酬）去爭取，不論合理與否，他們也不會得到廣泛的支持。（例如，近期新入職的醫生。）此外，他們不會採取罷工來爭取個人（或羣體）的利益。這不單是關乎專業操守，更因這是對人的工作。服務對象的需要永遠放在首位。然而，以上所講的，似乎是針對專業團體，但問題的根本還是我們是否看自己的工作是對人工作。例如，巴士司機不屬於一個專業團體。縱使他們可能受到資方的不平等對待，但我認為他們不能因此就漠視市民對交通工具的需要而採取罷工。但這樣做法會否助長資方對員工的剝削或對罷工本身的否定呢？我們可用的方法豈只是罷工呢？或許，你們會覺得，對人的工作一早就被放在一個不利的處境下。是，因為這是我們選擇了以對人工作的精神和態度來工作。

這樣，在醫院裏工作的任何職級人士，都應看自己為對人的工作。這是一個漫長的教育過程，但卻是不能逃避的責任。

病人的權益

「每次當醫生上病房時，探病者就被要求離開病房。因為這會阻礙醫生的工作。但每次都可能要迴避兩個小時或以上。（因為住普通病房的病人多）對此，我大感不滿。為何病人家屬要離開呢？他們是否真的會阻礙治療進行？若我們說照顧絕對牽涉病人家屬的話，為著病人的利益，家屬絕對可以留下。（當然，這亦是病人的意願）這樣，我就跑去醫院與病人關係科投訴。」

若醫護人員看他們是照顧者，他們就不應、亦不能取代病人家屬對病患者的照顧。事實上，醫護人員是要協助病患者家屬如何更好地照顧病人。然而，在現時的情況下，很多時卻是本末倒置。意思是，我們首要考慮的竟是醫生的方便，而不是病人的方便。究竟是誰需要被照顧呢？究竟誰是我們服事的對象呢？要平衡醫護人員的霸權，我們需要從病人的權益說起。提出病人的權益不是要以此來對抗醫護人員，而是當病人的權益得不到當得的尊重時，醫護人員與病人的關係就很容易變成一種操縱的關係。惟有病人清楚自己的權益，又惟有他們的權益被合法地尊重時，醫護人員與病人的關係才會變得健康。[5]

事實上，早於一九九四年，醫院管理局已開始介紹，並推行病人約章。[6]從病人約章的內容來看，這確實比以往有很大的進步。至低限度，病人有權了解她整個療程所使用的藥物和有關的醫護評估等問題。然而，從約章中病人責任那一部分，卻出現了這樣的一條：「為顧及其他病人及醫院職員的權利，應遵守醫院所訂的規則。」從一個正常的角度來看，這段話沒有甚麼不妥。因為病人的權利不應構成對別人權利的不尊重。然而，問題是：究竟這段話應如何理解？又究竟這句話是否應受其他的約章所限制？以致這句話不會被濫用和扭曲。

讓我再用上面的例子來説明我的關注。面對被當值護士「驅趕」，我便與她理論，要求她給我一個合理的解釋。她説：「按著我們醫院病房的規則，醫生到病房看病人時，病人家屬應要離開。再者，我已對你很寬容。因為按著訂下的探病時間，你早上本不准探病。」按著病人約章的那一句話，病人及其家屬理應要遵守醫院所訂的規則。但問題是，究竟是誰訂下這些規則？究竟病人的意見是否有被參考的價值？究竟這規則是反映著誰的利益？究竟這規則對醫院護理有甚麼的假設？奇怪的是，那位護士對於我這一切問題並沒有正面回答，反而又搬出另一個從病人約章引申出來的謬論。她説：「因為病人約章説明病人的私隱要被尊重。所以，若醫生看病人時，非該病人的家屬又同在時，這就是侵犯了該病人的私隱。因為醫生所講的話都被聽到了。」這種砌辭狡辯的邏輯基本上站不住腳。若他們真的這樣尊重病人的私隱，他們應該帶每位病人到另一個房間應診，以免其他病人都聽見他們的對話。但事實他們又不是如此。

當然，我們要承認醫院有責任保障各病人的利益，不受干擾，但醫生到病房而要病人家屬迴避的做法簡直是荒謬，沒有道理。其中除了未能反映對病人權利的認識之外，更反映著醫護人員專橫的表現。所以，當醫院要為其制定具體的規則時，醫院需要以另一個約章來自我規範。這就是對「醫生誓言」（Hippocratic Oath）的認識、認同與承擔。[7]尤其是當中所強調以病人利益為主的。就是聽他們的意見，聽他們的聲音，而不只是為醫護人員的方便。

那滴眼淚

「當內子第二次進醫院時，不到一日，睡在旁邊的病人便離世了。稍後，就有兩位護士過來幫已逝世的病人整理一切。當一切處理後，其中一位一年級學護紅著眼，並間中流下眼淚。內子叫她過來，安慰她，並借給她一本有關對死亡認識的書。」

很多時，我們聽見有人對醫護人員的批評，指他們一點感情都沒有。是因他們每日都要面對生離死別，他們已習慣了嗎？或許，從另一個心理健康角度來看，若他們不是將自己與事件保持一段距離，他們又如何應付每日這樣的經歷呢！所以，不是醫護人員變得麻木，可能這是一種生存之道。這樣，我們就不能過分高舉以耶穌基督為拉撒路哭泣一事作為醫護人員的關顧典範。（約翰福音十一章） 沒有抽離，投入可能會為醫護人員帶來徹底的消耗；但沒有投入，醫護人員就談不上照顧。這就是醫護人員的矛盾與掙扎。若失去對距離的平衡，醫護人員或需要找臨牀心理學家輔導。否則，他自己的健康亦會受到影響。

從個人的觀察來看，我卻感受著醫護人員因對距離的偏重而漸失去那份對人投入的比例佔多。[8]當然，這不是要求醫護人員在每次為死者處理一切事後都要流著眼淚，而是在與他們接觸時，我們較難感受到從他們而來的安慰與尊重。病人是一個個案多於是一個人。或許，重拾流第一滴眼淚的感受是重要的，以致醫護人員曾經擁有的憐憫可以再度燃點。

簡單來說，憐憫就是一份情，一份對不幸者和受痛苦煎熬者的同在感。這份情讓我們可以感受到遭遇患難的人之感受，並願為他們多走一步、多做一點事。

因著這份憐憫，我們懂得甚麼是人的尊嚴，並對患病者尊重，不呼喝；因著這份憐憫，我們會為患病者多設想、多考慮、不假設；因著這份憐憫，我們會看那受苦者是我們的鄰舍，我們的兄弟姊妹，盡力為他提供優質的治療，不只按本子辦事；因著這份憐憫，我們對病人多一點接觸、多一點關懷、不冷漠。事實上，因這份憐憫，我們的人性被甦醒了。

當然，沒有憐憫，我們依舊可以做好醫療工作，甚至可以比有憐憫的人做得更好、更出色。但憐憫卻使我們的心靈與病患者及其親屬的心靈緊扣，以致我們感受到自己的人性，而懂得去尊重和維護別人的生命。同樣，沒有憐憫，我們依舊可以為病患者提供服務，甚至比有憐憫者做得更有效率和稱職。但憐憫卻使我們懂得謙卑，並看見自己的破碎，以致尋求醫治和不自負。坦白說，憐憫對提高可量化的工作效率沒有明顯的幫助，但它卻是一個以服務定位的工作之生命力。

醫護人員當中有不同的職級、不同的崗位、甚至隸屬不同的服務單位。他們可以不用競爭和官僚的態度來相待，是因憐憫維繫著我們，不是因為我們大家都屬於那一間醫院。否則，我們很容易會變成山頭主義。以憐憫維繫沒有排除醫護人員會因著彼此意見的不同而有所爭辯，但惟有我們對接受服務者的憐憫，我們的爭辯才不會成為黨派之爭。相反，我們爭辯讓我們更走在一起，為有需要者尋求更卓越的服務。

因著憐憫，我們有了一份勇氣衝破一切外在的框架，為病患者做一點他們真正需要的事。我們知道若我們只靠政府的資助來服務，我們所提供的服務始終是有限。惟有憐憫，我們才有膽量開拓新的服務來回應社會的呼喊。又因憐憫，我們才有膽量挑戰機構對員工的限制，以更直接和恰當的方法去接觸有需要者。憐憫就是將一個可能離開它起初的使命而變得官僚的架構回復它「人性」的動力。

憐憫不是從書本學回來，也不是從行政培養出來。憐憫是從接觸而來，就是直接與有需要者的接觸，並從中將憐憫傳遞。讓病患者在他們危難中依然發現這世界是有情、有義。憐憫發自內心，是一份看來很微小的力量，但它卻可以改變這個世界，使它變得更可愛。

一位醫生

「當內子第二次進入醫院，經過一輪檢查後，癌細胞已證實蔓延至脊骨。若不趕快做電療，她可能會癱瘓。然而，內子對於醫生的評估和建議卻有不同的看法。但那位醫生每日總是向她仔細解釋，歷時七日。終於，他們接納彼此的意見，調節治療的方法。內子對我說：『若不是他這樣耐心地講解和誠懇的態度，我相信我不會接受治療。』」

醫療人員與病人關係的基本就是溝通。所謂溝通，不只是關乎資料的傳遞，更關乎彼此雙方因溝通所帶來的關係。事實上，坊間就著這方面的討論已有很多著作。在此，我只想從個人經歷層面上說明多一點。

因醫生與病人是屬於兩個不同的羣體。他們各有自己的言語，各自的關注，亦有各自的利益。因此，要他們彼此明白和認同對方並不是一件容易的事。從醫生的層面來說，與病人溝通，是要讓病者能夠明白醫學對她的評估，並她現在的情況。當然，向一位非醫療專科的人解釋醫學概念並不容易，但醫生就不能因此而不嘗試在病人可理解的程度下向他盡力講解。但很多時，醫生已假設病人的醫學知識有限，而不認真地向病人說明一切。當然，講解所要付出的時間是多的。事實上，在照顧病人的場境下，這是醫生最基本的責任。否則，他不需要在醫院工作，而應在學術機構。

然而，講解總離不開聆聽。否則，這是獨白，而不是對話。聆聽不只在於讓講解者知道聆聽者是否明白他所說的話，而更可聆聽病患者因明白與不明白所產生的那份心理或情緒的反應。在這方面不夠敏銳的醫生可能會將人切割了。意思是：身體是由醫護人員照顧，而心靈和情緒則交由其他人照顧。這種分割或許可以適用在醫學研究上，但在醫院的場境裏，這應是要放棄的態度。

但另一個極端，是有醫生認為他們自己是萬能專家，並看自己是對病人關顧的核心參考。結果是，他們可以決定誰可參與對病人的照顧和資源應如何分配。但他們忘了自己也只不過是關顧羣體中的一員。他們的優點絕不是他們的萬能專長，而是他們對病人的身體病況較了解，並可最快掌握病人知道自己病況後產生的感受罷了。這樣，作醫生的就有一份責任與其他醫護人員配搭，為要讓病者得到恰當的關顧。在這樣的角色裏，醫生可能只是一位報導員、一位輔導員，而不是決定者或核心者。

踏入一九九○年代，醫療關顧的確比以往進步了。例如，不同的宗教團體和自願組織亦為病患者提供輔導和關顧，而醫院管理局亦認同他們的角色。此外，不同的義工小組亦相繼成立。這擴大的關顧網落對病患者肯定是有益的。但問題是：究竟醫院如何配合這民間組織的發展，使病人可以得益呢？這是一個不容忽視的資源。

容許我說多一點有關病人的感受。一般來說，病人最希望從醫生口中獲取一份對自己希望的確定。縱使病人的病況是嚴重的，但她依然期望醫生會對她說，她的病是可以治癒的。然而，醫學並不是我們想像中那麼神通廣大，它也有其限制。那麼，當醫生向病人坦白說出其病況時，病人就不免感到希望幻滅和被遺棄。正因醫生與病人有不同的考慮與期望，溝通就是設法要整理彼此對對方不恰當和不現實的期望。坦白說，在這晴天霹靂的一刻。我們不能期望病人可以冷靜。相反，醫生卻有責任向病人仔細講解他的病情，避免病人對自己病情有錯誤或過分的聯想。那麼，誠懇和耐心就是醫生與病人溝通所不能缺少的。誠懇就是要讓病人知道，他不會被放棄；誠懇就是要讓最無情的世界知道，世間仍然有愛。有愛就有希望。耐心就是給病者一個空間，讓他思想和整理，讓他按著他的能力接受或抗議，讓他有不理性的表達，但絕不對他埋怨，判斷和放棄。

溝通不單是關乎對話，而更是要讓對方能明白我所說的。同樣，我更要去明白對方。然而，溝通又豈只是說話呢？溝通更包括聆聽對方各種非說話的言語，所以，溝通是要全情投入的。但溝通不只是為求明白，更是因明白帶來我向對方表達的安慰、鼓勵和同在。

回家去

「當內子轉往寧養院後（hospice），住上不到一個星期，有醫護人員就向她說，通常病人在這裏只可以住兩週，所以，你要預備回家。對於醫護人員這段話，內子極之忿怒。不是因為她不想回家，而是她感受到一份壓逼的感覺。兩星期後，一位臨牀心理學家對我說，要病人回家不是因為病牀的考慮，而是希望完成病人的心願。尤其是當她身體還可以應付時，不妨回家住一段日子。因為誰能知病情的變化呢？到再有需要時，才入院。」

以上的一段說話表達出兩種的態度。第一是從醫院角度來看事物，所關心的是病牀，所考慮的是服務病人的人次，所堅持的是公平。當然，他們會考慮病人的病情，但病人的感受卻得不到當得的注意。奇怪的是，這是一間寧養院，是關乎善終服務的。我們假設醫療人員對病人會有多一點支持、多一點體諒、多一點了解，但事實又並非如此。是我們要求過分嗎？還是醫療人員出了錯？

另一方面，那位臨牀心理學家的說話又是如何的真實和真摯。不但如此，她更主動與我們聯絡不同的機構來安排所需用的器材，例如：病牀等。若非她從病人需要的角度來幫助我們對問題的認識，我們可能失去這個黃金機會呢！事實上，內子回家不足三個月就去逝。但對我們來說，這三個月是我們一生不能忘記的時光。因為我們一家人終於可以一起生活。

以上的經歷帶出幾個對醫療關顧有關的問題。第一，我們絕不能只談關顧，而漠視資源的有限性。近期的醫療融資報告，正是回應在有限的資源下如何提供優質的服務。事實上，香港所面對醫療資源的分配，豈是香港獨有的問題呢！歐美各國亦不能不正視這問題的逼切性。從近期的報導，我們發現香港的見習醫生每週工作八十小時，護士人手又凍結。我們如何可以期望醫院能為病人提供優質的醫療關顧呢？當然，我們知道人手多不等於有優質的服務，但人手不足時，優質的服務就不輕易提供。因此，病人和病人家屬有需要對醫療人員有多一點的寬容和體諒，但這又絕不等於醫療人員就可以放下他們應有的關顧態度。面對龐大的醫療開支，政府不得不對整體醫療作出檢討。然而，當我們投訴醫療的不是時，我們是否願意為醫療付出一點代價呢？這不是一個免費午餐的問題，而是擁有多資源的人是否願意與沒有的人分享他們所擁有的呢？

第二，我對於醫療人員的訓練有很大程度的保留。從以上的例子看，為何臨牀心理學家的話比護士所說的更有說服力呢？問題的根本不是臨牀心理學家有專業的訓練，而醫療人員沒有他們這方面的訓練。因為若我們稍為留意他們的說話時，我們發現臨牀心理學家的說話並不需要有很多專業的知識，而只是從對方的好處著眼，從對方的需要說話。這是一個基本做人的態度。坦白說，任何一個稍有憐憫的人都會這樣說。但為何那些醫療人員偏偏就不是這樣呢？這實在是對他們所接受的醫療訓練的一種諷刺。究竟醫療人員所受的訓練純粹是一種技術和知識的訓練，還是應包括心靈的訓練呢？當然，我們不能期望醫療人員有如臨牀心理學家一樣懂得說話和聆聽，但一份為他人設想的心總不能少。對人心靈學問的認識並不比醫療知識來得次要。這正是中國人常常說的「醫德」。

家是每一個人都期望要回到的地方。然而，人的病況並不一定容許她可以常在家中。因此，家就有需要跳出以空間界定的概念，以致在不同層面下，病人亦可以在某程度上感受到家的感覺。另一方面，又因病者病況的變化，以致她在家休養時，家人因不懂得如何照顧他。最後，病者不一定可以從家人中獲得適當的關顧。這樣，身處任何一個家都是極需要別人的支持。表面看來，這兩方面的工作都是醫療人員的責任。前者就是醫院的責任，後者就是社康的責任。但若我們稍為留心周遭的人時，我們就會發現自己或多或少都參與了關顧的過程；都參與了家的建設。我們不只希望我們的醫院能為病人提供一個家的感覺，我們更盼望著我們的社會可以成為一個家，以致我們對患病的人不離不棄，不帶任何條件為他們提供資源。

註

[1] 對於以上的論點，有人則持相反的意見。他們認為當人類歷史沒有醫院時，病人的家庭就是他治療的地方。醫院的出現將病人與他的家分割開。最後，病人就被放進一個陌生的環境下去接受治療或死亡。當然這說法有其道理，但我們不能漠視現代社會與當時社會的不同性，尤其是現代社會生活節奏，家庭模式與醫療的關係。所以，我沒有否定「醫療在家」或「家中治療」的模式及其重要性。肯定的是，醫院不能取替病患者的家。正因如此，醫院就要讓病人在住院期間依然可以感受到某程度上家的感覺。

2 以下討論的基礎是基於我們如何理解人與人應有的關係。就是一個團契的關係，而絕非操縱和合約關係。參龔立人：《人際社會的建立》（香港基督徒學會，1999）。

3 我這樣説，語氣可能重了些。然而，若我們從醫院管理局通訊的內容來看，我的批評不是毫無道理。

4 若從專業主義的發展，我們不難發現專業存在著一個弔詭的關係。一方面，專業的產生是為社會利益受保障而設。試想想任何人都可以行醫，這會是一個怎樣的服務呢？另一方面，專業又存在一種自我保護的機制。是針對業內人士。例如，往日若非英聯邦大學畢業的醫生就不能掛牌。

5 龔立人：《人際社會的建立》（香港基督徒學會，1999），頁 27～60。

6 病人約章的內容可見醫院管理局通訊，第十三期，1994 年。

7 事實上，醫生哲言（Hippocratic Oath）不一定是每一個醫療訓練機構都會採用。但基本上，他們大部分都會引用從 Hippocratic Oath 引申出來不同的誓約。參 Robert Orr, "The Use of the Hippocratic Oath: A Review of 20th Century Practice and a Content Analysis of Oaths Administered in Medical Schools in the U.S. and Canada in 1993", *Journal of Clinical Ethics 8*, no.4 （1997）, p.374~385。

8 當然，這看法是沒有科學根據的。因為這立論本身應考慮醫護人員對自我的評價。然而，從二○○○年三月十五日太陽報報導病人權益協會有關病人對醫療人員投訴的調查，我的看法又絕非主觀。

第七章

「苦難，你真荒謬！」：論生命

自內子離世後，我對生命的看法隨之而變得悲觀。所謂悲觀，就是對生命不敢存著任何抱負和期望。因為死亡可以將你一切的努力完全剷平，而不留下一點給你回味。再者，它的來臨是那麼突然、那麼迅速。我們根本就沒有任何招架的能力，只有無奈地接受。面對著生命中的無奈和荒謬，我開始閱讀傳道書。選擇傳道書，因為傳道書的作者一點都沒有隱藏他對命運那份不服氣。

「無人有權力將生命留住」

內子於一九九九年十月十六日下午入院。入院後，她的身體突然變得很虛弱。相對於前一天和入院前的情況，她簡直是判若兩人。雖然她不至於昏迷，但她已經很疲倦，連說話的聲音都發不出來。她有時會張開眼向我們微笑，但很快就閉上眼睛休息。到十月二十日下午，相對於前幾天，她稍有精神，但她似乎認不出我們。下午四時半，她終於認出我，並試圖向我說話。但她卻一點氣力也沒有，我亦聽不清楚她的說話。最後，我給她一枝筆，讓她寫下她的說話。但令我最心痛的，是她連提起筆來寫字的氣力也沒有。她寫了一筆，手就跌下來。重複了十多次，我看見她的情況，心如被刀割一樣。但她始終都不能表達她的心意。我在旁只有不斷猜測她的意思。終於，我說對了，她正想吃龜苓膏。因為由始至終，她都相信龜苓膏可以壓抑癌細胞生長。

重提這段經歷只想說明一件事，就是內子求生的意志比我們任何人都要強。雖然生命承受了很大的折磨，但她由始至終並沒有因此隨便妥協，反而試盡一切的方法去取回她生存的權利。她儘量少用止痛藥，因為她認為這會對她的身體有較多的副作用。她儘量忍受身體的變化，目的是不想成為藥物的犧牲品。在一個軟弱的身體裏卻見證一份頑強的生命力。這股生命力不只是為著自己的生存而奮鬥，更是為著她所愛的人而奮鬥。誰能說軟弱的身體沒有存在的價值呢！因為在這個軟弱的身體裏卻見證著人性的尊嚴。就是一份對惡劣的環境或邪惡的勢力不低頭的態度。

事實上，這種生命力又豈是我內子所專有的呢？我曾目睹一個中年婦女病患者，在快要離世時，她仍堅持說要活下去。或許，對於一些輔導員來說，這不是一件好事。因為病患者的堅持似乎意味著她對自身的情況並不接受，以致她不能順其自然和以豁達的態度來迎向死亡。輔導員說，生命力的活潑不一定基於對劣境的對抗，更可以是以接受的態度來回應不能改變的事。對此，我沒有任何異議。但同樣，輔導員亦要接受病患者選取用對抗的態度來迎向劣境，而無需刻意引導她接受輔導員的預設中。

對我來說，讓病患者早些接受她處境的理論不一定適用於任何一個人。再者，這樣的做法不一定代表病患者可以腳踏實地地生活。難道對抗的態度不是一種腳踏實地的生活嗎？或許，有人會說，若病患者早一點接納自己的現況，她相對地會帶著比較少的遺憾離世。然而，遺憾似乎是在生者加諸於死者身上的一種價值觀。事實上，對死者來說，她真的會有遺憾嗎？遺憾是在生者的詞彙。因為他仍有思想、有記憶、有感覺，但這一切條件是否都可以應用在死者身上呢？我有很大程度的懷疑。當然，我不是要將「對抗」和「接納」看為對立，它們是可以共存的。就是在接納自己的現況下去對抗或在對抗中要接納現實的限制。對抗就是不容許我的生命被自然和歷史牽著走，而是肯定在最惡劣的環境下，我依然是我生命的主人，我依然要為著我的生命負責任。

說到這裏，我沒有企圖美化一切病患者的生命力。我們間中曾聽聞有病患者選擇死亡。況且，生命力並不是病患者的專利呢！然而，我只想說出一件事，在一個最軟弱的生命中，我們仍可以見證生命的剛強。這不是高舉人的偉大，因為我們的生命是來自上主的。

「兩個人總比一個人好」

對我來說，死亡是一件很抽象的事。因為我未曾親眼目睹和陪伴一個人離世。縱使先父在一九九三年離世，那時我還身在異地。一九九九年五月某一個下午，我終於親眼目睹一個病患者離世。數日前，她還樂觀地鼓勵內子接受放射性治療，但想不到相隔數天，她竟然這麼快就離去。頓時，我感受到一份無力感，就是我不能為病患者做一點事來減輕她的痛苦或爭取多一刻鐘。

或許，我們可以說，為病患者按摩、倒一杯水、煲一碗中藥已是一個很實在和實用的支持和關懷了。然而，對於病患者的家人如我，又豈能滿足於這樣的支持呢！因為這些支持都是有限的，而對於病患者的病況並沒有帶來任何的改善。坦白說，我盼望著我真能分擔內子一點痛苦，以致她能享受多一刻的睡眠；

倘若可以的話，我亦願與她分享我的壽命，以致她可以活長一點，看見女兒的成長。但原來，壽命是沒有分享的可能。我們每一個人只可以活在自己的生命裏，不論這生命是福是禍。我們亦只可以活在自己的命運中，沒有一個人可以替代另一個人。雖然我們外在所做的一切，或多或少可以令病患者感到多一點安舒，但她仍是那惟一可以承受自己的痛苦、甚至自己的死亡的人。疾病可以傳染，甚至使另一個人死亡，但健康卻不能，別人不能從我的健康中增多一點壽歲。這真是不公平。

無力感原來就出於我對事物沒有任何可以改變的能力。只可以依循著歷史和自然而走。或許，在人生的際遇當中，面對病患者所產生的無力感不應是第一次。因為面對那並不容易改變的不公義的社會，我們豈不都有無力感嗎？又或許，培育一個正在青春期成長的女孩，也豈不有無力的感覺嗎？然而，這一切的無力又豈能與病患的內子相比呢？不是這些無力感是虛假的，而是因為：一來，內子的痛苦是真實的，死亡正在逼近；二來，相對於她來說，我是一個有能力的人，但在她最痛苦的時候，我卻只可以站在旁邊。或許，我是否有點自誇，以為自己甚麼都可以做嗎？無力感是對自己的不認識而來。又或許，我過分實用主義，以致我看不見那不能量度的紓緩。真的，這一切的解釋可以減少我的無力感。奈何她是我的內子，我們是一體的。在患病這事上，在某程度來說，二人成為一體卻被分割了。因為我已不能分擔她一點的痛苦。無力感就是因此而生。

然而，在經驗這一切無力感之時，我想起聖經有一段這樣的話：

「因他受的鞭傷，我們得醫治。」（賽五十三5下）

在基督教的傳統裏，我們有一個代罪、代贖、代替的觀念。因著耶穌的受死，我們眾人的罪都落在祂身上了，而耶穌亦擔當我們一切的罪，以致我們能與上主和好。這就是一個已破壞的關係的重建。但這宗教的理解是否可以適用於非宗教的事上呢？又或我們如何在人生的經驗中明白這奧祕呢？說得具體一點，「耶穌承受的傷是否可以使我內子得醫治？」或「我是否可以承受內子的傷，以致她因此得醫治呢？」但坦白說，我的經驗與聖經的看法有一段距離。因為在現實生活中，代替是不可能發生的。但聖經這句話仍纏繞我心。

「人一切的勞碌，有甚麼益處呢？」

自成為基督徒後，我被教導不要看重結果，過程本身才是最重要和值得回味。對此，我沒有反對。因此，我亦教導我的孩子不要介意參加比賽是否可以獲得獎牌，最重要就是要盡全力，並享受參與其中的過程。這種邏輯說來多漂亮、多豁達。然而，說到底，我總盼望著我終能享受我勞碌的成果。運動員總盼望著一天他能上台領獎。這份期望絕不是妄求，並非不合理。任何一位農夫，他或許會欣賞種植的過程，但他更渴望終有一天能看見、甚至享受自己的收成。聖經豈不曾說：「流淚撒種的，必歡呼收割」嗎？這句話豈不假設收割的重要呢！

但生命就是這樣的荒謬，人不一定能享受他努力的成果。不但如此，有人可以不勞而獲，享受別人的成果。這是一個怎麼樣的世界，怎麼樣的邏輯呢？坦白說，我一點都不明白，但我卻要接受這種荒謬的秩序。

結婚一年半，內子就放棄了她在港的學業和事業，與我跑到蘇格蘭的一個小城讀書。因為經濟拮据，她沒有趁著這大好機會來進修。反而陪著我，照顧我，讓我可以放心和專心學習。間中，她會做一些 part-time 來維持我們的生活。還記得在一次國際高爾夫球賽，她第一次擔任為期七天的砐房工作。每一晚回來時，她都抱怨腳痛。但第二天早上，她仍照舊上班去。當然，我們可以說，留學生的生涯就是辛酸的。然而，當我今日完成學業，找著工作，她不再需要為生活擔憂時，卻不能享受她曾勞碌的成果。雖然我們的生活不算得豐衣足食，但還可算是小康之家。回港短短五年，她就離世了。是她命苦嗎？或許，不是她苦命，而是生命的荒謬。就是人竟然不可以享受自己勞碌的成果。

懷孕後，內子就很小心她的飲食和健康。因為她希望將最好的給予孩子。孩子出生後，她又毫無掙扎選擇以母乳來餵養她們。她不介意她的身材，因為她相信孩子的健康是最要緊的。再者，她更選擇放棄攻讀公開大學的課程，為的是希望有多一點時間陪伴孩子成長。從她為孩子挑選玩具、書本、房間的佈置到選擇學校，她都是那樣的細心和投入。當孩子漸漸明白事理，並開始懂得去感謝她的辛勞時，她卻這麼快就離我們而去。是她無福享受嗎？或許，不是她沒有福氣，而是命運真是荒謬。就是流淚撒種的，竟然不能歡呼收割。

對於這樣一個無情的事實，我們可以做甚麼呢？除了忿怒和不甘外，我們對這荒謬的邏輯似乎是束手無策。然而，我並不因此放棄每一天的生活。不是因為我相信，終有一天我能打破這荒謬的邏輯，而是我還肯定生活的過程是重要和值得回味的。雖然我不知道我是否可以看見我的孩子結婚生子，但我仍享受今天可以與她們一起成長。

「日光之下並無新事」

生命就像一個循環，每一天我們都是重複前一天的生活。當然，這個說法不是正確的。因為有哪一條河的水在不同的時間是相同的呢？然而，生命是一個循環似乎就暗示著我們在這循環的人生中，並沒有能力可以跳出人生的命運。以致傳道書的作者慨歎說：

> 「生有時，死有時；栽種有時，拔出所栽種的也有時……。」(傳三 2)

「有時」除了是一個有關時間的問題外，它更暗示著當生命出現時，它就在沒有選擇的權利下被放進一個宿命的世界中。人似乎不能改變他的命運，他只有按著命運對他的支配和安排來生活。

以上對人生的看法似乎不屬於基督徒的人生態度。至低限度，基督的復活就是要打破人類一切的宿命論，將盼望重燃。當然我們相信生命終可突破命運對他的支配，但在人生的際遇裏，我們只可以「順天而行」。這不是對生命的悲觀，而是對生命的坦白。

自內子患上癌症後，醫生就已向她宣告，她沒有痊癒的可能。當然癌症不一定代表即時死亡，但醫生的宣告卻意味著病人只有聽天由命。倘若上天開恩的話，她或許會得著靈丹妙藥而隨即痊癒。但這一切是可遇不可求，而一切就要看她的命數了。內子就是這樣的不信邪、不信命，而相信總有方法可以治療癌症。雖然她不至於樂觀地相信她可以完全康復過來，但至低限度，她不願由命運來決定她的生命。當然內子知道甚麼是生有時，死有時，但若「時」是代表宿命的話。她就是不認命。但歷史卻證明我們打敗了。內子在無可逆轉的命運下離世。縱使到了最後一刻，她還掙扎著要生存，但死亡卻不理會我們的抗辯，無情地就將內子的生命取去。爭辯有何用？努力有何價？到最後，我們仍是敵不過命運。

又當我嘗試踏出內子的世界以外，卻發現患上癌症的病人多的是。有的比我內子的情況更差，有的卻比她好一點。然而，我們同樣都要面對同一個命運，就是讓命運主導我們的生命。令人悲傷的是，在內子墓碑的附近，我竟發現了一位高中同學的墓碑。他比內子遲數天離世。雖然我們已有一段很長的時間沒有見面，但他的離世使我對生命產生了一份無奈。苦難，你真荒謬！你竟然可以在不動聲色下取去多人的生命，傷害無數死者家人的心靈。然而，你卻不斷壯大，並沒有任何收斂的迹象。這真是荒謬。

面對這個荒謬的命運，與它爭辯並不會為我們帶來半點安慰或勝利，只會增加愁煩。因為它本身就是荒謬。惟有當我們認識它的本質時，我們才不為它浪費時間。與荒謬抗辯，只會強化它的破壞力。不但肉體，甚至心靈都會給它漸漸腐蝕。

「智慧人和愚昧人一樣，永遠無人記念」

在我們所經驗的世界中，人與人是有分別的。有些分別不是這麼重要。例如：高矮肥瘦。但有些分別卻是重要的。例如：在社會裏的名聲。然而，所謂重要又並不是我們想像中那樣重要。因為重要會隨著時間逝去，亦會隨著死亡而淡化。當然有人在自己在生時，藉著種種的捐獻來為自己留名。離世後，他的名字、甚至功德或許仍會被人記念和歌頌，但這一切又有何意義呢！因為對已逝去的人來說，他根本就不知道發生甚麼事。要歌頌他還是要咒詛他只是對在生者有意義，但對逝去者來說，他不會介懷。因為死後的生命就沒有感覺，直至復活那一天。若這是我們生命的結局，我們又為何要對今生這樣的執著呢！尤其是死亡本身就比活著的時間長，我們又何需介意今生的生活和別人的評價呢！因為在死亡裏，我們一點分別都沒有。義者不會因其義將死亡推遲，而行惡者亦不會因其惡將死亡拉近。

內子的離世使我對生命的態度多了一點悲觀和無奈。或許今天仍有人會記起內子生前的樣貌，有人還會對她的離世感到傷痛。然而，時間稍長一點，她可能已經被別人遺忘了。甚至說不定在十年後，我亦逐漸忘記她在病牀上的說話、她的聲音。縱使我與她的片段仍歷歷在目，這又有何意思呢！因為她並不能感受我對她的懷念。相反，若她可以感受到的話，對她來說，這又不一定是一件好事。因為她亦會感受著很多人，甚至她的兒女漸漸把她忘記。這豈不會令她更失望嗎？基督徒信仰說得好，死亡就是安息。死者真可以安舒地睡一覺，而不需為世事所煩。

從死亡來看生命，並不一定等於我們會因此而變得更積極地生活。（縱使我們知道生活只可活一次）相反，正因生命終要逝去，而我們又不能帶甚麼離去時，我們又何需著緊在世的生活呢！好的是這樣過，不好的也是這樣過。隨隨便便，無欲無求就可以了。然而，很多的人卻不體會生命是這樣的脆弱，死亡是可以這樣的突然，他們還以為今生就是永恆，以致他們拼命建立自己的事業和理想。但誰知死亡臨到時，他們才發現生活的投資錯了。

話說回頭，正因生命是這樣的短暫，我們又何需介意善惡正邪呢！因為到了最後，死亡都將善與惡化為空虛。因此，享樂主義和放縱主義都是一種對死亡的抗議。就是我不能帶走甚麼，而我的生命仍不會被記念時，我就只好盡情享受今日我所擁有的，甚至做出違背道德的選擇亦無所謂。

雖然生命是這樣的無奈，死亡是這樣的無情，但善與惡、正與邪、公義與不公義仍是有分別的。因為我信上主必審判義人與惡人。死亡可以取去義者與不義者的生命，但死亡不能使義變為不義；不義變為義。因此，縱使人的結局都是一樣，但我仍舊堅持帶著義而死的生命比帶著不義而死的生命來得更寶貴。

「我所見為善為美的，就是人在上主賜他一生的日子喫喝，享受日光之下勞碌得來的好處」

數年前，電視廣告有這樣的一段話：「不在乎天長地久，只在乎曾經擁有」。當時，有很多衞道之士對於這句話抱著很不滿的態度。他們堅持地說，沒有天長地久而只是曾經擁有的愛是虛假的，是放縱的愛。那時，我毫無疑問站在他們的立場上。然而，自內子離世後，我對我往日的立場起了基本的改變。坦白說，自結婚那日起，我和內子已肯定那刻我們對彼此的承諾：「執子之手，與子偕老」。但這個承諾和期望並沒有如期實現，不是因為我們不努力，而是我們的努力始終敵不過命運的暴力。雖然我不能與內子到偕老，但我們卻曾共度十一個寒暑呢！又雖然這十一年的共處是一個過去，但我們的確曾擁有過呢！命運可以奪去我們的未來，但它絕不能奪去我們的過去。因為過去已在我們手中，在我們的記憶裏，亦在人類歷史中留下痕迹。

從來沒有想過將來是這樣難掌握的。自年少時，老師就給我們一個作文題目：「我的志願」。從那刻開始，我就以為我們不但可以對將來有期望，甚至我們可將它實現出來。不錯，將來不是我們可以操控的，但那時我卻天真地相信每一個人都有將來。問題只不過是我們是否願意為自己的將來認真一點、努力一點。在內子患病的日子裏，我們依然相信我們是有將來的。我們相信我們的努力會有助開拓我們的將來。那時，我曾對內子說，當接受電療過程後，身體狀況穩定一點時，我們會再到蘇格蘭聖安德魯城去。（這是內子最喜愛的小城）然而，內子的病情並未如我們想像中可以穩定下來。是我們對將來太天真嗎？無論如何，內子的離世使我從夢裏清醒過來。原來期望不一定可以實現，不是因為我們的際遇不好，而是因為我們可以沒有將來。

若將來是這麼不可預知、這麼飄渺，那麼，我只可以擁有過去和現在。而過去又屬於回憶的，這樣，我就只有今天。就是我只可以為這刻作決定、作選擇。若這刻是屬於我的，而我又只可以活在這刻，我該如何在這刻生活呢？

傳道書作者提議，就是去享受這一刻，而不要為將來擔憂。享受不等於放縱；享受也不等於不負責任。享受就是懂得去欣賞自己的成就；享受就是懂得去讓心靈有休息；享受就是懂得珍惜活著的機會；享受就是懂得發現周遭的樂趣。享受就是對生命的無奈一種積極的回應。與其擔憂，倒不如享受我今天所擁有的呢！懶得理會我所擁有的是否可以到將來！

縱使眼淚不會輕易被抹掉，但我仍要學習享受與孩子吃每一頓晚餐、享受與孩子去海洋公園、享受通宵看足球比賽的機會、享受旅遊帶來的新視野、享受朋友談話中的樂趣、享受……。

「敬畏上主」

傳道書作者對生命有很多的埋怨、不滿、甚至忿怒。雖然他本人似乎沒有約伯一樣的經歷，但他卻為有約伯同樣的經歷的人抱不平。是他那份公義、他那份同情使他為世間不義和無理的事呻吟。然而，縱使他如何失望而回，他依然肯定生命是要敬畏上主。因為由始至終他相信上主是審判的主。

上主是審判的主，以致罪與義是有分別的。縱使義人不會因他對生命的認真而可以多活數年，反而那不義的人卻可享長壽，但因上主是審判的主，義與不義不會因他們在世所經歷的相反結果，而被淡化他們的分別。縱使義與不義不一定得到他們在世應有的結果，但義就是義，不義就是不義。這樣，縱使義者含冤離世，但上主必會為他們討回公道。相反，縱使不義者在世享福長壽，但上主必不以不義為義。因此，縱使我對於內子的死找不著半點的理由，覺得是一件極度荒謬的事，我依然肯定和相信公義終要臨在。

對公義的肯定是因我的需要，是因我不能接受不義的人犯錯可以逍遙法外，是因義者不能白白的死去。對公義的肯定更是因上主監察祂所造的世界。但這份相信沒有使我無條件地接受無理的事可以合理地發生。我要將荒謬說出來，是要向上主說：「這是你的兒女」。我更要向荒謬說：「我要說出你的荒謬來，以減低你的破壞力量」。因此，縱使我對於上主的作為不能參透，但我卻不能閉口無言。這些文字就是記下我對內子離世這一件荒謬的事的一點呻吟、一點掙扎、一點無奈。然而，如傳道書作者所說：

「萬事之理，離我甚遠，而且最深，誰能測透呢？」

雖然到了最後，我仍找不著箇中的道理，但如傳道書作者說，我寫下這些事，總意就是：

「敬畏上主，謹守他的誡命，這是人所當盡的本分。因為人所做的事，連一切隱藏的事，無論是善是惡，上主都必審問。」（傳十二 13 ～ 14）

第八章

「主啊！我將她交在祢手中。」：**論聖徒相通**

內子離世已有一年半。在一次基督宗教合一聚會中，與一位闊別多年的天主教朋友相遇，我平淡地分享家中發生的一切（指內子離世一事）。聽後，她隨即問我內子的名字。雖然對於她這個問題，我感到有點奇怪，但我也不介意將內子的名字說出來。她說，「我會為她在上主面前祈禱。」對於她的誠意，我沒有婉拒，只表示謝意。

於我來說，為離世者禱告並不是一件陌生的事，但我一直沒有就此有太多的反省。然而，在此時此刻的我卻被這事吸引著，因為她為這位已離世的死者禱告，正是我一直懷念著的妻子。究竟基督徒是否可以為已離世者禱告？又這樣的禱告有甚麼意義？我們又如何為她禱告？以下，我將與你一同探索這些我還沒有答案的課題。

牧養的考慮

每一次到內子的墓前，心裏的感覺並不滿足。因為我可以做的就只有對她懷念和追憶，並為上主一直保守我和兩個孩子而感恩。我與她之間依舊存在一段距離，一段無法溝通的距離。但每當我看見中國民間宗教信仰者為離世者所預備的冥鏹、紙製衣服和飯菜時，心中並沒有對他們有任何的批評，反倒羨慕他們。[1] 通靈與否不是我首要的關注，而是這樣的宗教活動和表達，真的可以讓懷念者將他們對已離世者的懷念具體地表達出來嗎？因為這些預備是那麼的生活化和親切，以致生者與死者的距離因而拉近，但在近中又保持一段距離。至於已離世者是否真的可以收到這些鈔票和元寶，是否真的可以享用那些預備好的佳餚美食並不是問題的關鍵。因為這樣的宗教活動足以讓懷念者具體地表達他的追憶，滿足他對已離世者懷念的渴望。因為我們竟可以再次一同坐席吃飯。但為何冥鏹和飯菜等有這樣的能力呢？或許，這跟中國文化有密切關係。意即，父母習慣以物質（衣食住行）來表達對子女的關懷；同樣，我們也以物質來彼此建立（尤以食為主）。因此，對追憶者來說，燒冥鏹和預備酒菜是一個很貼切的做法，使他們的懷念得以充分流露和抒發。因為對懷念者來說，他們不但可以為已離世者做一點的事（輔導學解釋這是一種補償心態），也可以一同吃飯。事實上，我看後者的意義比前者來得重要。

然而，因著這些活動本身與基督教以外的宗教扯上密切的關係，以致基督教原則上對這些活動採取較為負面的看法。[2]例如，基督教墳地並不准許燒冥鏹和以酒菜敬奉死者。因此若基督徒有這樣的做法就會被批評為拜偶像和宗教混合主義的倡議者。事實上，基督教的一刀切的做法亦無可厚非。因為文化與宗教並不容易分割，甚至沒有分割的可能。如上述所說，若這種中國人傳統對已離世者懷念活動的本身能有效地表達人深處對追憶的渴求，在基督教一刀切的做法以外，我們是否有向信徒提供其他也能表達這渴求的出路呢？

在墓碑前獻花似乎是基督徒一般的做法，用來表示他們對已離世者的懷念。獻花是否一種成功的替代？我沒有太多的考究，但獻花本身的象徵意義似乎並不很明確。或許，我們可選擇死者生前最喜愛的花兒，並以此來懷念他。但在實際生活中，給別人送花始終不是我們的文化。試問曾幾何時我們獻花給所愛的人呢？倘若是有的話，這往往都是在一些特別的時刻。或許，支持者可以理直氣壯地說，這正是為何獻花是向已離世者表達他的重要。但話說回來，因獻花是這樣的特別，花同時就變得抽離。與日常所吃的飯菜所能表達的親切仍是有一段距離。因為獻花缺乏生活中的平淡與自然。我這樣的說法，不是說獻花沒有意義，而是獻花不一定如想像中可以滿足我們深處對已離世者的懷念。

每次到內子的墓前，孩子總帶著預備好的禮物去。它可能是一張自製的母親節咭，也可能是一個自製的相架。或許，這一切足可以滿足她們對母親的懷念。相對於獻花，這來得更親切。然而，我總有一份感覺，就是這一切的嘗試仍是太特別、太隆重了。這跟中國民間宗教的冥鏹和飯菜那種生活化總有一段距離。意即，獻花和預備小小禮物提醒我們對已離世者的懷念，但冥鏹與飯菜卻將懷念與生活融化在一起，使懷念者同時感受到與已離世者的親近和距離。

滿足這渴求是否必要？說到底，太親近的感覺只會使我們失去對當下新生活的適應力。但基督教信仰本身也是一個追憶與懷念的信仰。我們也常追憶耶穌基督所作的一切（最明顯的例子，就是聖餐），但我們沒有因此而忽略當下生活的責任。如在第四章，我曾寫下「我們不可以活在回憶中，因為我們是此時此地的人，而不是那時那地的人。但我們仍是帶著一切的回憶走人生路，絕不是帶著人生走回憶的路。」恰當的回憶不會將我們困在回憶中，反而可使我們更瀟灑走人生路。因為懷念已得到滿足，我們也可暫時放下憂傷的心靈。

一個可能

若獻花的行動不足以滿足懷念者的心，而基督徒又不願意仿效燒冥鏹和預備飯菜的做法，究竟基督教信仰的傳統在對已離世者的懷念有甚麼值得參考的處理方法呢？就此，我想起教會對聖徒相通的教導。簡單來說，聖徒相通是描述聖徒（指信徒，而不一定是天主教所指的聖人）彼此間的團契關係（支持、鼓勵和繼承）不會因時空和地域的限制而終止。因為在聖靈裏，我們已彼此聯合成為耶穌基督的身體（教會），並見證著上主的救贖。這跟希伯來書十一章所描述「這許多的見證人如同雲彩圍著我們」的情境一樣。因此，雖然香港的信徒和美國的信徒素未謀面，我們都分享這份團契關係。至於與那些相識卻不能相見的信徒，我們的關係就更密切了。除了因在聖靈裏我們的關係得以維持外，禱告更將我們聯繫起來。當然，禱告不是信徒與信徒的對話，但為對方禱告卻無形中將彼此連在一起。這種連在一起的經驗不是一種面對面的相遇，而是一份同感一靈的匯通。記得當我為著遠在他鄉的宣教士禱告時，我真感受到這份同感一靈的匯通。雖然我不可以實在地替他解決他所遭遇的困難，但禱告卻帶我參與他的掙扎，甚至成為他看不見的支援。

又雖然我不可以實在地分享他在事奉中的喜悅，但感謝的禱告卻使我感受到他的喜樂。究竟這是禱告的力量，還是禱告只不過是一個有效的媒介來滿足祈禱者的心靈需要？當然，這沒有需要看為即此或彼的選擇。禱告本身真的可以有這樣的力量，但也可以是其中一個有效的媒介。正如對中國民間信仰者來說，冥鏹和飯菜真的可以與先人一起享用，但對我來說，這行動只是對心靈需要的一種表達。

說了這麼多話只有一個目的，就是要說明為已離世者禱告不是沒有可能的。再者，這也是一個對懷念者很重要的安慰。不是因為懷念者可以為已離世者做一點事而使他滿足，而是因為他們已踏進一個新的關係。雖然彼此不能見面和對話，但他們可以以禱告彼此記念著對方。事實上，若我們說信徒的團契可以突破時空和地域，為甚麼這不可以包括那些離開了這世界的人呢？難道我們認為眼前所經歷的空間就是宇宙的全部嗎？斷乎不可，否則，我們就沒有可能接受那不住在我們眼見的宇宙的上主了。那麼，為已離世者禱告是甚麼一回事？讓我分享兩則禱文。

（一）「全宇宙的上主，

為著笑雲在祢裏面得以完全，我感謝祢。

為著她釋下一切肉體的痛苦回到祢那裏去，我感謝祢。

為著她對生命的堅持、對家人的愛護、對上主的倚靠，我感謝祢。
每為她禱告時，我深願也像她一樣對生命堅持，對家人無私地付出。

願那在地上的我和在天上的笑雲都聯合在上主的新創造裏。誠心所願。」

（二）「我們的上主，
我們將笑雲交在祢的手裏，願她對家人的愛在祢裏面得到實現，
也願她的信心在祢裏面得到成全。

我們深切的懷念著她，願我們的懷念在祢裏面得著滿足，
也願我們的哀慟在祢裏面得著安慰。

雖然死亡將我們分開了，但為祢所賜聖徒相通的恩賜，我們感謝祢。
或生或死，我們在祢裏面都合一了。誠心所願。」

仍可以為已離世者禱告是一種很奇妙的感覺。因為死亡不能奪去我們祈禱的權利。更重要的是，死亡真的徹底地被打敗。我仍可以為已離世者禱告或已離世者仍可為我禱告就是最直接、最具體的說明。雖然我沒法像中國民間宗教般，擺放餸菜供奉內子，以表達我與她可以再一同坐席吃飯，但我們卻可以以禱告彼此記念、鼓勵和安慰。禱告肯定我們的經歷不只是心理作用，而是真實的匯通。因為在上主裏，我們合而為一了。

可能的憂慮

對某些人來說，以上對為已離世者禱告的建議有點跟天主教聖人敬仰的傳統相若。當然，當我可以為已離世者禱告時，離世者為何不可以為我禱告？又當聖靈以「說不出來的歎息替我們禱告」時（羅八26），已離世的信徒豈不也會這樣嗎！所以，縱使沒有人為我的需要禱告，但可以肯定的是，我仍會被聖靈和那些已離世的信徒所記念。雖是如此，我的立場與天主教的看法並不相同。第一，對於聖人這概念，我有很大程度的保留。基本上，天主教跟基督教一樣，認為聖人是指那分別出來，屬於上主的人。我們可以屬於上主，不是因著律法的義，乃是因耶穌基督的義。因此，每一個誠心歸向上主的人都是聖人。這是使徒彼得和保羅所教導的。當然，有些信徒的信心和愛心比我們強，他們為我們立下跟隨耶穌基督的榜樣，但他們與我們一樣也是蒙恩的聖人。雖是如此，那些有信德的信徒永遠值得我們記念、感謝和學效。但當聖人一詞要經過「正統化」（canonization）過程才可被應用時，聖人已變成一種意識形態。[3] 就是一個本屬於每一個信徒身分的尊稱，但卻被剝奪而只成為某一些人的尊號。結果，信徒漸漸地不相信自己是聖徒，不認為自己也可以有力地為人禱告，反而變得處處被動。另一方面，若真要稱那些有信德的信徒為聖徒時，這豈只限於天主教會「正統化」過程後的名單呢？事實上，每次到醫院，我見證著無數可歌頌和感恩的生命。有的心靈豁達地迎接死亡、有的對在世的生命仍然執著、有的反過來安慰安慰者的心靈。此外，還有那些對垂死病人不離不棄、悉心照顧的家人和醫療人員。雖然這些小人物不及那些經過「正統化」的聖人那般偉大，但他們也是我心目中的聖人。在他們的生命中，我學會很多寶貴的功課。「正統化」沒有必然使我們對聖人的信德有更多的嚮往和追求，它反而使我們忽略那些不顯眼的生命故事。

如以上所說，我相信已離世者也會為我禱告，但我沒有需要與她聯絡，向她說明我一切的需要。不是因為已離世者已有能力洞悉一切，而是因為與已離世者的接觸只會使我們偏離基督教的傳統。不但如此，這樣的舉動更會使我們墮入對死者的宗教崇拜中。因此，我沒有需要向她說明我的需要，她也可以為我禱告；同樣，我也不必知道她的需要，但我們彼此記念著對方，並在聖靈裏合一了。

第二，因著天主教對煉獄的教導，為已離世者禱告變得更有需要。對煉獄的理解，我們沒有需要停留在歐洲中古時代的概念上。意即，煉獄是人死後對他在世時所虧欠的一種補償。相反，天主教學者波獲斯（Ladislaus Boros）指出煉獄是指穿越基督愛的火，是在死亡與基督相遇的那刻。因此，煉獄不是一處等待被淨化的地方，而是淨化的那刻，就是一個生命轉向另一個生命的過渡。[4]相對於歐洲中古時代對煉獄的理解，波獲斯的看法是較合理的。然而，我總認為我們不需要過分仔細描述人死後的狀態，因為當中牽涉太多的假設與想像。反而若聖徒相通是合乎信仰傳統的話，我們需要學習的就滿足於此，而不需作進一步的假設性推理。況且，聖經也沒有提及人死後的狀態呢！

以上對為已離世者禱告的關注主要停留在信徒層

面，但對於那些不信的人來說，為他禱告又具有甚麼可能的意思呢？難道我建議「第二次救贖機會論」嗎？我曾於第四章已指出，基督教傳統對救贖論有很多不同的看法。自然地，不同的救贖觀對為非信徒的禱告會有不同的意義。我不就此詳細說明。然而，我對於以生前對上主的決定來決定這人終極命運的看法有點保留。因為在世的生命本身永遠受著個人和外在的限制，以致我們對上主的決定總會有偏差的可能。例如，某一個人之所以不相信上主，不一定基於他自願的選擇，可能是因他自小與教會相處的負面經驗所致。當然，我們可以理直氣壯地引用耶穌基督的話說「你因看見了我才信；那沒有看見就信的有福了」(約二十29)來批評這些人。但無論當事人的信心是大是小，耶穌基督總沒有放棄那信心小的，祂反而讓多馬伸手探入祂的肋旁。因此，「第二次救贖機會論」的重點不是人生有兩次機會，而是人在那刻（死亡後）沒有任何的扭曲下，全然面對著上主和自身所作的一個屬於他的決定。倘若主耶穌基督也讓多馬看見祂才信，為何死亡可以限制上主對已離世的人的愛和憐憫呢！從這角度來看，死亡的矛盾再一次呈現。一方面，它是對生的一個咒詛；但另一方面，死亡卻是回復沒有扭曲的過程。這正是我曾說，死亡的不自然與自然。

再讀聖徒相通

以上對為已離世者禱告是建基於聖徒相通這概念，而聖徒相通這詞彙是出自使徒信經。然而，當我們追溯這詞彙的歷史發展時，我們要坦然承認現時聖徒相通的翻譯並不是原本的意思。簡單來說，聖徒相通"*Sanctorum Communio*"指參與那聖事。聖事就是指那聖餐。[5] 但這不等於有關聖徒相通的教導就是錯誤。因為聖徒相通的體會不是來自使徒信經，而是來自聖經的傳統。就著教會本質上的討論，尼西達（Niceta of Remesiana）於第四世紀中期已說出：

「甚麼是聖徒的教會呢？從世界的開始，那些離世或仍生存的族長、先知、殉道士和其他一切的義人都包括在教會內。按聖經說，他們在同一的信上被聖化了，並受了聖靈，成為那基督是頭的身體。再者，天使和一切在天上的美德與權能都連繫於這教會。所以，你們要相信在這教會中，你能獲致聖徒相通。」[6]

按我們信仰的傳統，教會是包括那可見和不可見的，以致那可見的建制教會不會看自己為絕對。因此，基督的教會必然包括那已離世的信徒。這樣，聖徒相通的概念正表達出可見和不可見教會的兩個層面。事實上，沒有那不可見的教會，建制的教會就不能恰當地理解它的歷史性和超越性了。因此，聖徒相通是對教會最真實的描述，也是對大公教會（ecumenicity）的表達。

聖徒相通所牽涉到的神學課題比我想像中廣闊，除了牧養和救贖論的關注外，也包括終末論和教會論。此外，我更相信教會禮儀和教會年的傳統對聖徒相通的討論有一定的影響。因篇幅所限，我沒有深入地處理每一個課題。但我總盼望以上的初步討論能勾起我們對為已離世者禱告的思想。事實上，我亦以此為基礎把內子交在上主手中。

註

1 Arthur Wolf, "God, Ghost and Ancestor", in *Religion and Ritual in Chinese Society*, ed. Arthur Wolf(Stanford: Stanford University Press, 1974), pp.131～152.

2 同上。因為中國人對祭神、祭鬼和祭祖的做法和看法是互通的。

3 有興趣對「正統化」作進一步的理解者，可參考 Lawrence S.Cunningham, *The Meaning of Saints*（New York: Harper & Row, 1980）。

4 參考 L.Boros, *Mystery of Death*（New York: Herder & Herder, 1956）, *We are Future*（Garden City: Doubleday, 1973）。

5 參考 Stephen Benko, *The Meaning of Sanctorum Communio*（London: SCM, 1964）。

6 J. N. D. Kelly, *Early Christian Creeds*（Harlow: Longman, 1972）, p.391.

第九章

信仰改變了我

對於那些親身經歷苦難以後的人來說，他的信仰肯定不會像昔日的一樣。若約伯的苦難最後使他對上主有更深的體會，我也不例外。然而，這體會並不一定是一個優勝點（A vantage point），所以，我們沒有需要視苦難為有益。坦白說，這體會只不過是一個與昔日不同的視野。此外，這新的視野並沒有一定的模式，所以，我沒有需要重複約伯新視野的內容。然而，這新視野的形成並不是從理性分析而來，反是從實存經驗而來。正因如此，由新視野所塑造出來的信仰就變得很私人，但不個人。（personal but not individual）意即，別人可以分享我的信仰，但他們對信仰的體會並不會隨便地取替我的信仰。說得嚴重一點，縱使我的信仰看上去似乎並不很正統，但我不覺得我有需要為符合正統而改變我的信仰。因為在此時此刻，我的信仰體會是認真和坦誠的。

從某角度來說，我的信仰改變了，變得不正統。但事實上，我沒有改變我的信仰，反而是信仰改變了我，以致我可以有新的視野去檢視我的遭遇、有更廣闊的空間去整理我的人生。傳統信仰可以改變，但我仍在信仰傳統之內。事實上，信仰傳統比我們想像中豐富和廣闊。以下的分享就是這樣的一個過程。

與耶穌一同受苦

十架七言是耶穌基督被釘在十字架上時所說的話，被福音書作者記錄下來。對於每一句說話，不同的人會有不同的領受和體會。於我來說，我被耶穌那句：「我的神！我的神！為甚麼離棄我」深深地吸引著。（可十五 34）我記得當內子離世時，大女兒曾問：「為何天父取去我的媽咪」時，我已經感受著耶穌與我們一家人一起喊著說：「我的神！我的神！為甚麼離棄我」。然而，想不到在記念耶穌受難的今天，我竟然轉過來支持祂，與祂一起喊著：「我的神！我的神！為甚麼離棄我」。

「我的神！為甚麼離棄我」是出自一份對上主親密關係下所發出的一份感慨與無奈。這話的核心不是一個問題，等待別人提供答案。而是一份感受，等待一份認同感。若我們對被釘在十字架上的耶穌說，天父離開祢是因祢要承受我們人類一切的罪，以致聖潔的天父不能與祢在一起時，我們不但誤解了耶穌的呼喚，並雪上加霜地使痛苦的耶穌更痛苦。事實上，我們只有以悲情的心去感受和回應耶穌的呼喚，才能成為祂的支持。例如，當一位父親失去他的孩子而喊著說：「天呀！你為何這樣待我」時，他所要的不是一個合情合理的答案，而是一份感同身受的同在經歷。若我們失去這份同在感，失去與受苦者一同呼喚的勇氣時，我們對受苦的耶穌並未認識。我們仍是遠遠地站著凝望十字架的旁觀者。

或許，對於我以上的分享，你們會有點不舒服。因為一般來說，我們只強調耶穌如何感受我們的苦難，耶穌如何與我們一起經歷苦難，而不是倒轉過來，耶穌需要我們對祂的支持和安慰。（例如，希伯來書四章14至16節已表達出前者的信念。）事實上，作為需要被救贖的人類，我們豈有條件說，我們要感受耶穌的苦，並對祂不離不棄呢！正因我們只將耶穌放在一個救贖者的框架下去理解祂，而忘記祂也是我們的兄弟。（參考馬太福音二十五章31至46）最後，耶穌所需要的安慰被剝奪了。耶穌在十字架上所呈現的孤單，不單是天父對祂的離棄，更是我們對祂的離棄。惟有當我們有勇氣去安慰在十字架上的耶穌，我們才可進入上主苦難的奧祕中。

然而，耶穌在十字架上的經歷又豈只是一個普通人面對不濟遭遇下的一種內心感慨呢？否則的話，耶穌的十字架只是一般的十字架，並沒有甚麼特別的原因需要被記念。事實上，耶穌的說話「我的神！為甚麼離棄我」不僅是一種抒發，也是實存地描述聖父與聖子耶穌的緊張關係。究竟這是一份甚麼的緊張關係？

當耶穌出道時，聖父在耶穌受洗時說出「這是我的愛子，我所喜悅的」（太三 17）。這句話對耶穌尤其重要。因為這話是對祂在世的使命一種確認和認同。意即，縱使世界對耶穌的宣告和實踐如何的不認同，祂依然可以「捱」下去。因為祂知道這是祂的父所認同的。然而，在十字架上的那一刻，耶穌發現祂所做的一切竟得不到當時社會的認同，但令祂最難過的，莫過於祂的父的沉默。耶穌所質疑的，不是為何祂要被釘在十字架上。因為祂一早已知道這是祂的命運。祂所質疑的，是聖父背叛了祂的承諾。意即，當耶穌出道時，聖父以「這是我的愛子，我所喜悅的」來肯定祂的事奉，但在這最重要的關頭下，聖父竟然沒有一句安慰和認同的說話，反而沉默不言。坦白說，一句從聖父而來的安慰說話足以令受苦的耶穌死得瞑目。聖父的沉默把耶穌出賣了。在這背景下，耶穌的呼喚「我的神！為甚麼離棄我」是一份對聖父的控訴、一份被遺棄的控訴。聖父也背負著出賣者的醜名。直至耶穌復活的那刻，聖父的罪名才被洗清。原來聖父的沉默是一個痛苦至泣不成聲的沉默，而不是漠不關心的沉默。

當我為著內子離世一事尋求意義和解釋時，我聽見我的主與我一同呼喊著「我的神！為甚麼離棄我」。

主耶穌與我一家人的呼喊曾使我有膽量和勇氣說出我的痛苦和不滿、無奈與控訴。不但如此，「我的神！為甚麼離棄我」正喚醒我人性中的憐憫和同在感，以致我可以較敏感地聽見周遭的人發出同樣的呻吟，與他們一起，成為他們的兄弟姊妹。但想不到六個月後的今天（二○○○年受難節），我竟然可以成為耶穌的安慰者，與祂一同喊著說「我的神！為甚麼離棄我」。

一個單親家庭的故事

母親節是一個溫馨、令人迷戀的節日。每當看見一家團聚的圖畫、聽見餐桌上的歡笑聲時，我為著被慶祝的母親感謝、為著一家人的團聚祝禱。但在另一邊廂，我卻看見另一幅圖畫。就是一個沒有或失去母親的家庭、一個沒有或失去孩子的家庭——一個母親不能與孩子或孩子不能與母親團聚的家庭。事實上，我也有同樣的遭遇。究竟母親節對這些家庭來說有甚麼意思呢？

耶穌被釘在十字架上曾對祂的母親說：「母親，看，你的兒子」，又對那門徒說：「看，你的母親」。

（約十九 26 ～ 27） 這話倒令人傷感。因為這是孩子對母親說的最後一句話。但令人更惋惜的是，作為母親的馬利亞只有無助地和無能地目睹她的孩子受苦，卻甚麼事也不能做。她只有眼巴巴地看著自己的孩子慢慢死去。坦白說，這種情境、這份心情豈只是馬利亞的經歷呢？在醫院，我曾見證很多為人父母、為人子女、為人丈夫和妻子的，同樣無助地和無能地目送他們至愛的親人離世。像馬利亞一樣，我們只有站在十字架旁送他們人生最後的一程。這是痛苦，也使人心碎。

聖經對耶穌這個單親家庭記載不多。我們也沒有足夠資料去推測耶穌甚麼時候失去祂的父親，也不知道馬利亞如何撫養她的子女成長。但我們卻知道馬利亞要接受一個終日不在家的孩子。然而，要求孩子常留在身旁並不合理。因為孩子總有他們自己的天空。況且，要求一個三十出頭的男子多留在家中與母親傾訴，實太不像話了。雖是如此，作為孩子並不能因此就可以只顧追求自己的理想，不理家人。聖經有一處記載（太十二 46 ～ 50）描述馬利亞希望跟她的兒子耶穌說話。究竟她想說甚麼呢？為人母親的，她可能想說：「今晚回來吃飯」或「我煲了湯水給你喝」。但她卻連說這話的機會都沒有。不但如此，她反而被耶穌教導了一番，「誰是我母親？凡遵行我天父旨意的人就是我的母親了」。耶穌太不像話了。然而，有哪一個愛主的父母不會為著自己的孩子對上主國努力而感恩呢！但又有哪一個父母不會為著孩子為著真理奮鬥而導致廢寢忘食、有家不能返而不心痛呢！究竟孩子要到甚麼時候才明白母親的感受，才發現有需要坐下來聆聽母親的叮嚀？這刻終於來臨了，但令人痛心的是，這刻卻是母子永別的時刻。

或許，以上的圖畫太一面倒、太以父母為中心。在人世間，我們亦看見另一幅圖畫。就是有父母對子女無情無義。例如，對子女施以暴力、侵犯和操控他們等等。那麼，問題不僅是子女需要關心和聆聽父母，也是父母是否看待子女為獨立的個體，尊重他們的自由，而不看他們為自己的財產。所以，當我們歌頌母親的偉大時，絕不應忽略這些真實的個案。這樣，母親節不單是一個為母親慶祝的日子，也是為人母親自我檢視的時刻。子女為母親慶祝不是必然，也沒有需要看為必然。這不是要把人際關係變得條件化，而是不要期望沒有付出的回報。當然，付出不是為了要得到回報，但沒有付出的回報是恩典，而不是必然。

被釘在十字架上的耶穌向馬利亞說：「婦人，這是你的兒子」。對於我們現代人來說，耶穌這話太不像話了。縱使馬利亞的地位不能和耶穌與聖父的關係比較，但難道在人生最後的階段稱馬利亞一聲母親都不可以嗎？但若留心當時的社會，稱呼別人為婦人並不是不禮貌。相反，這是對女性一個禮貌的稱呼。然而，這還解不開為何耶穌不願稱馬利亞為母親的疑慮。

我們發現稱呼馬利亞為婦人是約翰福音獨有的。這個字眼第一次出現在迦南婚宴一事上。（約二4）在那事件上，當耶穌稱呼馬利亞為婦人時，耶穌繼續說：「我的時候還沒有到」。從這角度來看，以婦人來稱呼馬利亞不僅是一個稱呼，也是一個信息的傳遞，就是有關耶穌的時候。這樣，當耶穌在十字架上稱呼馬利亞為婦人時，就是讓她憶起「耶穌的時候」。但今次跟上次不同，因為耶穌的時候終於到了。因此，稱呼馬利亞為婦人，不是要分清楚耶穌與馬利亞的關係，而是對馬利亞的一份安慰。就是耶穌的時候到了，馬利亞毋需過分傷心。因為這是耶穌降生的目的。

耶穌說：「婦人，這是你的兒子」，他這話正是要打破一切以血緣而建立的關係。意即，我們的關係是建立在耶穌基督裏的新生。我們本是沒有關係的，但在基督裏，我們彼此可以弟兄姊妹相稱。因此，對於那些沒有或失去孩子的母親，你們依然是有孩子的。那些需要你們照顧和教導的青少年就是你們的孩子。所以，你們沒有需要因沒有或失去兒子而感遺憾。

耶穌對他那門徒說：「兒子，這是你的母親」。對於那沒有或失去母親的孩子來說，你們不再是孤兒，而是仍有母親的孩子。當世人頌唱「世上只有媽媽好，有媽的孩子像個寶……」時，你們沒有需要感到哀痛。因為在主裏面，你們是有母親的孩子。

惟有我們的關係建立在耶穌基督裏的新生，沒有或失去孩子的婦人仍可在母親節時被慶祝，沒有或失去母親的孩子仍可在母親節時感謝。因為母親節不再屬於某一些人，而是屬於那些願意成為人母親的婦女（就是培育孩子的人）和那些願成為人孩子的人（就是對婦女尊重的人）。深願我的孩子也可慶祝母親節。

我到樂園去

對聽者來說，「你要同我在樂園裏了」（路二十三 43） 這句話令人何等羨慕。羨慕的原因是因受苦者對身受的苦不但沒有埋怨，反而安慰其他受苦的人。不但如此，對那些沒有受苦但為著受苦者傷痛的人來說，這更是無比的安慰。因為受苦者真的勝過苦難。

事實上，這樣的經歷並不是罕見的。我曾閱讀不少抗癌戰士的見證，被他們流露出的生命震蕩。我被他們對生命的豁達，對死亡的從容，甚至對自己喪禮的策劃等等吸引著。我盼望著內子也有這份信心和勇氣。至低限度，這使我傷痛的心可以得著一點安慰。因為這代表她可以直起腰來面對死亡。然而，這不是內子的表達。不是因為她懼怕死亡，而是因為她對活著仍有渴望。對於她的選擇，我一點也沒有抱怨。因為每一個生命都是獨特的，沒有需要抄襲別人的生命。坦誠活出自己的生命是可貴的。所以，我為著那些坦然面對死亡的人感恩，但也為「死不瞑目」的內子而感動。

不知從甚麼時候開始，我們的信仰變得固定、變得單一，但這卻稱為正統。意即，正統人士對有同一信仰卻持不同看法的人並不滿意，總希望改變這些人的看法。若真的改變不了，他們只歎一聲無奈。例如，有人不斷說服我以順服和鍛煉的態度來看苦難，也有人看內子不接受離死亡不遠的事實為頑梗的表現。究竟基督教信仰對苦難是否只可以有一種詮釋？當然不是，否則，我們為何會有四卷福音書，而它們對耶穌基督身分的詮釋亦有不同。強行把這四卷福音書合而為一，不但沒有可能，反而會將信仰扭曲了。所以，教會的傳統繼續保留四卷福音書的個別風格。但這體會在信徒生活表達上卻得不到同樣的對待。單一詮釋的信仰不會減少信仰間的爭議，只會使信仰變得膚淺，失去對不同階段生命的承托力。

例如，我們慣了以順服來描述我們與上主的關係。因此，不順服上主太不像話。因為人類不過是塵土，豈有能力向上主說不呢！再者，亞伯拉罕和約伯等人也沒有這膽量。我們是誰，竟膽敢與上主討價還價？上主的旨意總比我們高，祂又總是以我們的好處為著眼點，我們實沒有理由向上主說不。因此，向上主說不，只不過是人類叛逆的表現，是人類忘記了始祖的錯誤，重蹈覆轍。當向上主說不被否定後，換來的卻是向上主順服。這樣，順服就成為信徒惟一的美德。但向上主說不就一定是頑梗嗎？難道上主沒有接受人類向祂說不的胸襟嗎？請不要塑造一個獨裁的上主。縱使上主對生命有期望，但祂並不獨裁。祂容許人選擇，包括向祂說不的選擇。

反駁者認為因著聖子耶穌基督順服的緣故，救恩才可以成全。耶穌在客西馬尼園的祈禱正是祂順服的高峯。耶穌的順服理應成為跟隨祂的人之榜樣。因此，一切不以順服為依歸的信仰都是自義和驕傲的表現。對於耶穌的順服，我沒有異議，但這與人向上主說不是兩回事。耶穌的順服表達出祂不行使說不的權利，但沒有否定祂不可以和不應該說不。事實上，祂也說了，「求你將這杯撤去」。（可十四36）

再者，若順服的邏輯是建基於身分高低的分別上，順服絕不是美德，只是一種向階級霸權屈服的表現。另一方面，順服也只不過是統治者製造出來的荒謬和愚民美德。縱使上主造我養我，但祂不能因此要求我對祂事事順服。除非我不再被看為一個獨立的個體，祂的要求方可成立。若是的話，順服已不是美德，而是一種受操縱的表現。惟有在自由下（就是不需為說不而恐懼），順服才不會成為一種強權暴力的美化詞。

若留意順服如何被應用時，我們會發現其中所強調的，不是聽命於不合理的事，而是在面對人生遭遇中的一種無奈，但卻是對上主信心的表達。例如，一對父母因他們孩子離世而說「賞賜的是耶和華，收取的也是耶和華」時，這話絕不可解釋為順服，而是相信上主仍臨在人生無奈中。因此，順服是否仍是一個合適的詞彙表達那份對上主的信心呢？這份信心不牽涉身分高低，也不在乎美德，而只關注當事人與上主的親密關係。若是這樣的話，順服就將這種關係扭曲，使它成了一種不人性、不講理的關係。基於此，我拒絕向上主順服，但仍可將生命交給祂。

事實上，耶穌在十字架上說：「我將我靈魂交在你手裏」並沒有需要把它解釋為順服的榜樣，反而可看它是一個絕望者帶有一點希望的呼求呢！因此，帶著滿足而離世的人蒙上主所接納，但帶著絕望而離世的人也會如此。因為上主的恩典救了我們。

沒有感恩仍可感恩

約書亞詢問他的百姓：「若是你們以事奉耶和華為不好，今日就可以選擇所要事奉的。」(書二十四 15) 對於約書亞的挑戰，我保證絕大部分人會選擇事奉耶和華上主。因為只有那些忘恩負義的人才不會事奉耶和華上主。又有誰願意被指為忘恩負義呢？再者，知恩圖報是我們慣用的邏輯。事實上，在約書亞發出他的詢問時，他已經逐一細說耶和華上主如何恩待他們(二十四 1 ~ 13) 。這令當時的以色列人沒有藉口不選擇事奉上主。然而，選擇不事奉耶和華上主就一定是忘恩負義嗎？

在人生際遇中，我們可能曾經歷耶和華上主給我土地和城邑而獻上感謝，但昔日的土地卻成為今日的負資產，我們甚至可能為著這些負資產吃盡苦頭；我們可能曾經歷耶和華上主為我們建立家庭，但昔日曾有的歡樂卻不再擁有了，因為我的伴侶無情地離我而去；我們可能曾經歷耶和華上主賜我工作與事業，但如今我已經失業了整整一年，仍看不見未來。選擇不事奉耶和華上主不是忘恩負義，不但是因為我找不到事奉祂的原因，而是因為我有一百個不事奉祂的理由。

提出這些問題不是要唱反調，而是我們不要過分運用忘恩負義和知恩圖報的邏輯來解釋事奉耶和華上主的合理性。因為有人曾為上主和祂的教會大發熱心，但換來的不只沒有祝福，反而充滿不幸和崎嶇。他們理直氣壯指控上主說：「你真忘恩負義」。

對於我以上的看法，或許，你們會有點不舒服。受造的人竟敢向上主爭辯？但若我們以知恩圖報的邏輯來說服別人選擇事奉耶和華上主，為何我們不容許人用同樣的邏輯解釋他們信仰的經歷呢？縱使上主是造物主，祂仍是要講理，祂不可能以祂的威權滅絕反對者的聲音。事實上，以上的分享不是要鼓勵我們找理由不事奉耶和華上主，而是指出以報恩的態度來解釋事奉耶和華上主不一定可靠。因為強硬要別人解釋他的生命充滿恩典是一種暴力。若知恩圖報不是惟一的邏輯，我們又如何鼓勵在患難中的弟兄姊妹事奉耶和華上主呢？

當我們留意約書亞所引述上主如何保守以色列人時（二十四 1 ~ 13），我們發現聆聽者並不是這些全部事件第一身的見證人。某程度來說，我們可以說約書亞不是一個出色的說服者。因為他所引用的例子太抽離、太不貼身了。但從另一個層面來看，約書亞的嘗試卻將當下的以色列人帶出他們個人的局限，讓他們不著眼於上主如何在我生命上工作，而發現上主在其他人和事上的工作。坦白說，其中的以色列人豈沒有經歷因與不同人士爭戰而失去生命和家庭嗎？又難道當中沒有人因患病而離世嗎？然而，這一切的個人不幸的經歷沒有需要否定上主在其他事和人身上的作為。當然，我這樣的說法不是要否定個人實存體驗的重要性。相反，在很多時候，當我們過分強調上主與我建立個人關係的重要性時，我們無意地放大了個人的領受，以致在不自覺下，我們的信仰失去那份超越主體的我的宗教經歷。信仰就變得只有我，而看不見沒有我的信仰依然可以是同樣的真實。當然，只有沒有我的信仰是不足夠，但缺少沒有我的信仰是傾向主觀和情緒化的。坦白說，我們講得太多我的信仰，而失去對超越我的信仰的體會。這正是為何有信徒可以合理地說：

「我經歷不到上主，我就不需要相信祂」的邏輯。

約在兩年前，內子終於離世了。在她患病期間，與我們相識與不相識的人都為著她懇切禱告，祈盼著上主能加給她多一點壽歲。但所謂的奇蹟並沒有在她身上發生。祈禱沒有為我們的遭遇帶來徹底的改變。按醫生的預計，她離世了。從個人體驗上，這次打擊是沉重和傷痛的。到目前為止，我還找不到箇中的理由。我內心仍存有很多的疑問，甚至控訴。坦白說，我找不到理由要向上主說感謝的話。然而，這個人不幸的際遇並沒有使我否定上主在其他人身上的拯救，也沒有使我否定上主在歷史上的作為。意即，有人在患絕症中被上主醫治，有教會得著無比的復興。這不是因為我的信心堅固，以致在患難中我仍可以看見上主的作為，而是因為這些不同的見證太真實、太具體，以致我找不到原因否定這些事。縱使我的經歷使我說不出讚美的話，但我仍可為著這些不是我的經歷而與他們一同讚美。例如，我可以是一個離婚者，但我仍可與新婚者一同讚美。當我們體會沒有我的信仰仍舊可以真實，我的信仰才不會只是我的信仰。更重要的是，那沒有我的信仰竟可以漸成為我的信仰。

我拒絕用知恩圖報的邏輯邀請你們選擇事奉耶和華上主，不是不可以，而是太容易、太直接了。此外，更是因為人生的際遇是苦多於樂。當然，若你生命充滿數不盡的恩典時，我為你感謝，但你不要迫使其他人仿照你的經歷。反而，當我們瞪大眼睛看見上主在其他人和事上的美妙作為時，我仍深信上主是真實的，我仍可以祂作為我所事奉的主，我仍可以堅信上主沒有違約。

信念再思叢書 慎思明辨．探求真相

真的上教會？—— 教會敬拜、事奉與使命的重塑
Why Church Matters: Worship, Ministry and Mission in Practice
約拿單・威爾遜(Jonathan R. Wilson)著／陳永財 譯／HK$68

破碎世界裏的忠心教會 —— 從麥金太爾的《德性之後》學習教會之道
Living Faithfully in a Fragmented World: Lessons for the Church from MacIntyre's Afte Virtue
約拿單・威爾遜(Jonathan R. Wilson)著／陳永財 譯／HK$48

基督徒的神學思考
How To Think Theologically
霍華德・斯通(Howard W. Stone)、詹姆斯・杜克(James O. Duke)著／陳永財 譯／HK$63

與後現代大師一同上教會
Who's Afraid of Postmodernism?: Taking Derrida, Lyotard, and Foucault to Church
史密斯(James K. A. Smith)著／陳永財 譯／HK$63

心靈在線 —— 現代人於網際空間的信仰省思
The Soul in Cyberspace
古德格(Douglas Groothuis)著／羅燕明 譯／HK$63

基督徒看消費主義
Christ and Consumerism
巴塞洛繆(Craig Bartholomew)、莫里茨(Thorsten Moritz)著／陳永財 譯／HK$78

十個關乎神的謊言
Ten Lies About God
呂德夏(Erwin W. Lutzer)著/張光照 譯/HK$83

日光之下 —— 對真誠生活尋索的紀錄
龔立人 著/HK$58

眼淚並未抹乾 —— 一個受苦者的聲音(增修2版)
龔立人 著/HK$68

人算甚麼?!
The Measure of a Man
馬丁・路德・金 (Martin Luther King, Jr.) 著/許立中 譯/HK$35

我有一個夢 —— 馬丁・路德・金小傳
霍玉蓮 著/HK$43

基督徒看錢、性與權勢(合訂本)附閱讀指引
Money, Sex and Power: With Study Guide
傅士德(Richard J. Foster)著/周天和 等譯/HK$93

時代論壇書系 積極回應時代需要，發揮基督徒先知的責任。

野蠻與文明
龔立人 著／HK$53

一派胡言
胡志偉 著／HK$53

信仰臨界 —— 消費社會的信仰新想像
古斌 著／HK$58

溯源追本 —— 基督教會古今巡覽
吳國傑 著／HK$73

信仰與法律 —— 基督徒在多元社會的公共角色
戴耀廷 著／HK$48

冷暖之間
梁家麟 著／HK$43

錢宜義見 —— 基督徒理財智慧
李少秋 著／HK$48

彩虹的兩端 —— 性傾向歧視立法爭論二百天

葉敬德 主編／HK$53

崇拜多面體

陳康 著／HK$63

全心信箱

李耀全 著／HK$53

眾聖頌禱

郭鴻標 著／HK$63

讀者意見表

緊扣時代服事教會

以文字傳揚基督真道

衷心多謝你購買本社書籍。本社一直致力以出版事工服事教會，幫助信徒扎根於神的話語，促進靈命增長。為使我們的出版更能滿足你的需要，請填寫下列各項資料，並寄回或傳真予本社。

所購書籍：________________

本書最吸引你的地方：
☐作者 ☐適切性 ☐文筆 ☐設計 ☐實用性
☐其他：________________

購買本書地點：
☐基道書樓 ☐基督教書店 ☐非基督教書店

性別：☐男 ☐女 職業：________________

信仰：☐基督徒 ☐非基督徒

年齡：☐ 16 歲或以下 ☐ 17～25 歲 ☐ 26～35 歲
☐ 36～55 歲 ☐ 56 歲或以上

學歷：☐中三或以下 ☐中五 ☐預科
☐大學 ☐研究院

☐我欲更多了解基道出版社的事工及考慮支持，請寄給我下列資料：
☐機構簡介 ☐新書資料 ☐「書中行」書會資料
☐《基道文字事工通訊》

姓名：________________ 電話：________________

地址：________________

____

傳真：________________ 電子郵件：________________

其他意見：________________

____

多謝賜教！

意見表可以傳真（2687-0281）或直接郵寄以下地址：
香港沙田火炭坳背灣街26號富騰工業中心1011室
基道出版社編輯部收